Liebst du mich, auch wenn ich wütend bin?
Dr. med. Dunja Voos

DR. MED. DUNJA VOOS

Liebst du mich, auch wenn ich wütend bin?

Was gefühlsstarke Kinder wirklich wollen

Deutsche Erstausgabe 2019
Copyright 2019 © Dr. med. Dunja Voos
Das Werk ist urheberrechtlich geschützt.
Jede Verwertung bedarf der ausschließlichen Zustimmung des Autors. Dies gilt insbesondere für die Vervielfältigung, Verwertung, Übersetzung und die Einspeicherung und Verarbeitung in elektronischen Systemen.

Dr. med. Dunja Voos
Am Zehnthof 11 | 50259 Pulheim
USt. ID: DE253491011
Kontakt: voos@medizin-im-text.de

Publikation:
Vladislav Kaufman
Königsbergstr. 6 | 97424 Schweinfurt
USt. ID: DE325190422
Kontakt: vk@kauf-cc.net

Covergestaltung und Satz: Wolkenart - Marie-Katharina Wölk, www.wolkenart.com
Bildmaterial: ©Shutterstock.com

ISBN: 9781670777584
Printed by Amazon Distribution

Inhaltsverzeichnis

Vorwort: Wer seine eigenen Gefühle versteht, wird auch gefühlsstarke Kinder verstehen 7

Einleitung: Das gefühlsstarke Kind in uns 10

1. „Mein Kind ist so gefühlsstark!" 14
    Was heißt das überhaupt? 14
    „Ich bin nicht schuld!" – Schuldgefühle und das Mutter-Kind-Zusammenspiel verstehen 24
    „Wenn Sie jetzt nicht vorbeugen, dann …!" - Die richtige Entscheidung für das Kind treffen 37
    Wie falsche Vorstellungen das Kind beunruhigen 40
    Wie falsche Vorstellungen vom Schlaf Mutter und Kind beeinflussen 43
    Bewegungsdrang und die Psyche des Kindes 50
    Spezialfall ADHS – erklärt anhand einer Therapiestunde 55
    Einmal gefühlsstark, immer gefühlsstark? 62
    Vom Trotz bis zur Pubertät – Wahrheiten willkommen! 64

2. So funktioniert gesunde Kommunikation mit Kindern 73
    Der Vagusnerv: Da, wo die Steuerung von Gefühlen wirklich anfängt 73
    Gefühle wollen gehalten werden – so reguliere ich mich und mein Kind 78
    „Respekt, Frollein!" Über die Angst, die Autorität zu verlieren 87
    Über den Umgang mit Wut und Hass 91
    „Aber eben hast du doch noch gesagt …" – Plötzliche Stimmungswechsel verstehen 99
    „Was sagt man da?" Dankbarkeit entsteht von selbst 103

3. Wie Sie auf die Affekte Ihres gefühlsstarken Kindes reagieren können 106
    Vom Beobachten, begleiten und geschehen-lassen 106
    Über den Körper: Kastrationsangst, Spinnenphobie und unnötiger Operationen 110

Meditation im Hamsterrad: Sein-Lassen lernen.	116
#RegrettingMotherhood: Sich erlauben, Verbotenes zu denken	119
Wie viele Regeln brauchen Kinder wirklich?	124
„Ich nehm' Dir das Handy weg!" – Drohungen aus Verzweiflung	128
Dem Kind dienen	131
10 Tipps zum Umgang mit gefühlsstarken Kindern	138

Jetzt ein psychotherapeutisches Telefongespräch vereinbaren   **149**

Literaturverzeichnis   **150**

Vorwort: Wer seine eigenen Gefühle versteht, wird auch gefühlsstarke Kinder verstehen

Geschrieben von Vlad Kaufman

Im Jahr 2015, als mein Leben voller Angst, Wut und Depression bestand, begann ich mit einer psychoanalytischen Therapie. Während meiner Kindheit und auch während meiner gesamten Pubertät war ich jemand, den Eltern heute als „gefühlsstark" oder auch „anstrengend" bezeichnen würden: laut, impulsiv, aggressiv, aber auch verschlossen, isoliert und misstrauisch.

Während meiner 3-jährigen Therapie erfuhr ich, dass ich die Beziehung zu meinen Eltern verloren hatte, dass ich mich alleine, unverstanden und ignoriert fühlte. Schritt für Schritt erkannte ich, dass meine Wut und meine Gefühlsausbrüche keinesfalls unbegründet waren, sondern immer ihren Ursprung hatten: ihren Ursprung in Beziehungen, im Zusammenspiel mit der Familie und meinem Umfeld. In diesem Buch geht es darum, genau diese Ursprünge zu verstehen.

Zu Beginn meiner Therapie bin ich auf einen Blog gestoßen: www.medizin-im-text.de Dieser Blog wurde von Dunja Voos im Jahr 2006 gegründet. Seitdem hilft sie ihren Lesern dabei, wie sie mit ihren Gefühlen, ihren Kindern und ihrer inneren Welt besser umgehen zu können, um ein glücklicheres, authentischeres und entspannteres Leben zu führen. Mit ihrem Motto „Worte statt Pillen" hat sie nicht nur mich berührt, sondern sie berührt jeden Tag ca. 3000-6000 Leser (das wären pro Jahr stolze 1.642.500 Leser).

Dr. med. Dunja Voos ist Ärztin, Medizinjournalistin, mehrfache Autorin, Psychologin, Psychotherapeutin, und Psychoanalytikerin in Ausbildung, aber auch Mutter einer gefühlsstarken Tochter. Seit 2016 bietet sie als psychologische Psychotherapeutin hilfesuchenden Patienten ein Zuhause, sowohl in einer Klinik, als auch in ihrer eigenen Praxis.

Vielleicht haben Sie nach diesem Buch gegriffen, um nun endlich *die* Lösung zu finden für Sie und Ihr Kind. Um gefühlsstarke Kinder, anstrengende Kinder, hochsensible Kinder oder ADHS Kinder besser zu verstehen. Die Lösung mit den „effektivsten Regeln" oder den „ultimativen Tipps", die sofortige Linderung im täglichen Auf und Ab mit Ihrem Kind bringen verspricht.

Dieses Buch möchte Ihnen etwas mitgeben, Sie jedoch nicht unterrichten und Ihnen keine „Formeln" mitgeben, die Sie Ihren Kindern auferlegen sollen. In diesem Buch wird auf konkrete „Praxistipps für zu Hause" verzichtet, da jede Mutter-Kind-Beziehung so individuell ist, dass konkrete Tipps häufig zu Frustration und Fehlentscheidungen führen können.

Auf den ersten Blick ist es zwar verlockend, einen hilfreichen Satz an die Hand zu bekommen - doch wenn Sie dann ausprobieren, wozu Ihnen geraten wurde, merken Sie vielleicht schnell, dass eben genau das bei Ihnen überhaupt nicht funktioniert. Wir möchten Sie in diesem Buch ermutigen, frei zu denken und einen individuellen Weg zu suchen und zu gehen. Das ist der Grund, warum auf konkrete Ratschläge verzichtet wird, auch, wenn Sie zunächst beim Lesen das Gefühl haben, dass Ihnen etwas fehlt.

Probieren Sie stattdessen, dieses Buch als Kompass wahrzunehmen, der Ihnen wichtige Denkanstöße gibt, welche Dinge, Ansichten und Verhaltensweisen Sie verbessern könnten und an welcher Stelle es Ihnen oder Ihrem Kind mangeln könnte. Als Kompass, der Sie ein Stück Richtung Wahrheit mit sich selbst und Wahrheit mit Ihrem Kind navigieren kann.

Einleitung: Das gefühlsstarke Kind in uns

Wenn Sie zu diesem Buch gegriffen haben, dann wissen Sie wahrscheinlich sehr genau, was ein „gefühlsstarkes Kind" ist. Gefühlsstarke Kinder können mit ihren überschäumenden Gefühlsäußerungen, im Guten wie im Schlechten, sehr viel Energie von uns Eltern einfordern. Doch bei genauerem Hinsehen wirft das Wort „gefühlsstark" auch viele Fragen auf. Es kann sich dabei um eine angeborene Gefühlsstärke, um eine hohe Empfindsamkeit, um Kreativität und Phantasiereichtum handeln. Oder um „gezüchtete Wut" durch zu viele „Neins", um Unruhe, Aggression und Schlaflosigkeit. Es kann sich um diffuse Gefühle handeln, für die das Kind noch keinen Namen hat, es kann sich um stark nach außen gezeigte Gefühle handeln, aber auch um Gefühle, die die innere Welt Ihres Kindes im Stillen bereichern, sodass Ihr Kind eines Tages einen wunderschönen Roman schreibt.

Der Begriff „das gefühlsstarke Kind" weckt vielleicht gleichermaßen positive, wie negative Vorstellungen in uns. „Er kann vor Freude oft nicht einschlafen", „Sie ist schon wieder ausgerastet", oder „Sie schäumt vor Gefühlen immer über" sind typische Sätze von Eltern gefühlsstarker Kinder. Der Begriff „gefühlsstark" wird häufig im Sinne von „überschießenden Gefühlen" verwendet.

Dabei ist es ziemlich unerheblich, wie alt Ihr Kind gerade ist: „Einmal gefühlsstark, immer gefühlsstark", könnte man vielleicht sagen. Heute weiß man, dass Schreibabys oftmals bis ins Kindergartenalter hinein besonders unruhig sind (Santos, 2014). Man spricht auch von „frühen Regulationsstörungen", weil es den Kindern schon als Baby schwergefallen ist, sich selbst zu regulieren, wobei dies nie getrennt von der Mutter und der familiären Situation gesehen werden darf, denn ein Baby reguliert sich schließlich mithilfe der Mutter.

Die Mütter merkten schon früh, dass sie nicht so an ihr Kind herankamen, wie sie es bei anderen Mutter-Kind-Paaren beobachten konnten. Nicht selten litten ihre Babys besonders stark an Dreimonatskoliken. Kaum eingeschult, erhielten die betroffenen Kinder vielleicht die Diagnose ADHS (Aufmerksamkeitsdefizit-Hyperaktivitäts-Syndrom) (Hemmi, 2011).

Neben der Bezeichnung „gefühlsstark" hören Sie vielleicht auch weitere Begriffe: Ihr Kind ist vielleicht nicht nur gefühlsstark, sondern damit einhergehend auch hochsensibel und vielleicht hochbegabt. Aufatmen ist nicht, denn schon bald steht die Pubertät mit ihren eigenen Problemen vor der Tür.

Wenn Sie mehrere gefühlsstarke Kinder haben, verdoppelt und verdreifacht sich die Anstrengung häufig. Doch das ist nicht immer der Fall: „Ich habe drei Kinder, aber zehn Jahre lang war unsere erste Tochter Einzelkind. Sie war sehr gefühlsstark und ich fand kaum Zeit für mich selbst. Keine Zeit war anstrengender als diese Zeit mit nur einem, gefühlsstarken Kind, obwohl auch meine Zweite gefühlsstark ist", sagt sie. Dieses eine Kind erforderte extrem viel Aufmerksamkeit und weder im Haus, noch in der Nachbarschaft gab es damals andere Kinder. Es ist also oft, aber bei weitem nicht immer so, dass mehrere gefühlsstarke Kinder anstrengender sind.

Sie werden sehen, dass es in diesem Buch erstaunlich viel um Sie als

Eltern geht, sodass Sie sich manchmal fragen werden, ob es hier eigentlich auch um Ihr Kind geht. Doch gefühlsstarke Kinder sind oft auch „schwankende", beunruhigte Kinder. Obwohl die Eltern ihnen Schutz geben, wirken sie manchmal aufgrund ihres empfindlichen Nervensystems wie „ungeschützt der Welt ausgesetzt". Die Eltern können an dieser Stelle viel tun, um ihren Kindern sozusagen einen zusätzlichen Schutzmantel mitzugeben. Dieser Weg geht meistens über die eigene Beruhigung – wir werden uns also fragen, was uns als Mutter oder Vater selbst emotional beschäftigt, wie wir unsere eigenen Gefühle einsortieren und wieder zu unserer Mitte finden können, damit unsere Kinder sozusagen unter unserem Dach selbst wieder ausgeglichener werden. Dadurch kann eine tiefere Freude in der Beziehung zu unseren Kindern entstehen.

Ich werde in diesem Buch vorrangig von „der Mutter" und „dem Kind" sprechen, damit das Lesen einfach bleibt. Auch schreibe ich meistens von Ihnen und dem „einen" gefühlsstarken Kind, um die Situationen besser zu veranschaulichen. Mit „Mutter" meine ich die Bezugsperson, die dem Kind am nächsten steht – an diese Stelle kann gedanklich auch der Vater, die Oma, der Opa oder die Tagesmutter treten. Auch habe ich aus diesem Grund auf das „Gendern" verzichtet und meine mit „Erzieherin", „Arzt", „Therapeut" oder „Lehrer" immer gleichzeitig auch das andere Geschlecht.

Als Psychotherapeutin führe ich viele Gespräche mit Müttern und Vätern von gefühlsstarken Kindern. Die psychotherapeutischen Gespräche, die in diesem Buch der Veranschaulichung dienen, sind an echte Gespräche angelehnt, aber zum Schutz der Ratsuchenden angepasst worden. Die Kernbotschaft der Gespräche ist jedoch erhalten geblieben.

Als Psychoanalytikerin in Ausbildung erkläre ich in diesem Buch die Baby- und Kleinkindzeit besonders ausführlich, denn die Probleme der Großen lassen sich umso besser verstehen, je mehr man über die frühe Entwicklungszeit und die frühe Mutter-Kind-Kommunikation weiß. Das bedeutet nicht, dass das gefühlsstarke Kind nach einer schwierigen Anfangszeit in den Brunnen gefallen ist. Ganz im Gegenteil: Mit den Bildern aus der frühen Kindheit lässt sich später sehr gut und heilsam arbeiten. In uns Erwachsenen steckt eben auch ein „inneres Kind". Wenn wir verstehen, was in der frühen Zeit wichtig ist, dann verstehen wir auch, was jetzt für uns und unsere Kinder zählt. Vielleicht können Sie sich im Nachhinein sogar selbst ein bisschen besser verstehen, sodass Sie auch weicher auf sich selbst blicken können.

Ich wünsche Ihnen viel Freude beim Lesen und hoffe, dass Sie sich und Ihr Kind durch das ein- oder andere Kapitel besser verstehen und Lösungen finden werden.

1. „Mein Kind ist so gefühlsstark!"

Was heißt das überhaupt?

Das Kind bebt vor Wut. „Nicht schon wieder", denkt die Mutter. Sie ist müde von den ganzen Gefühlsausbrüchen, die ihr Kind ständig hat. Eben noch überschwängliche Freude, jetzt schon wieder Tränen über Tränen. Erst kürzlich las sie davon, dass es so etwas wie „gefühlsstarke Kinder" gibt und sie fragt sich, ob ihres dazu gehört.

Gefühlsstarke Kinder, so heißt es, haben eine besonders empfindliche „Amygdala", eine Struktur im Gehirn, die unsere Gefühle mitreguliert. Außerdem sei der Vagusnerv, ein Nerv, der für Ruhe sorgt, sehr schwach. Mit dieser Erklärung ließen sich die vielen Gefühlsausbrüche wenigstens verstehen. Doch auch die Amygdala und der Vagusnerv eines Kindes schweben nicht im luftleeren Raum, sondern reagieren auf Beziehungen. Obwohl das Erklärungsmodell der „Überempfindlichkeit" zunächst etwas Erleichterndes hat, wird unser Leben dadurch nicht unbedingt leichter. Immer wieder kommt der Gedanke auf: „Mein Gott, ist mein Kind heute wieder anstrengend! Ich bin froh, wenn es demnächst in die Kita (in die Schule, in die Ausbildung ...) geht!" Unser Kind, das nicht in der Kita bleiben, vor Freude nicht schlafen will, das manchmal durch seine Aggressivität auffällt, führt uns häufig in die Ratlosigkeit. Doch gefühlsstarke Kinder haben ein enormes Potenzial: Sie sind kreativ und wissen, was sie wollen, sodass sie später viele Vorteile daraus schöpfen können.

Jedes Kind hat sein eigenes Temperament. Schon als Ihr Kind zur Welt kam, bekamen Sie vielleicht rasch ein Gefühl dafür, was für ein Mensch es ist und welcher Charakter da sichtbar wird. Vielleicht würden Sie sagen, es war ein eigenwilliges und sensibles Kind, ein zufriedenes oder unzufriedenes, ein sanftes oder aggressives, ein anschmiegsames oder eher ein nicht allzu kuschelbedürftiges Kind. Sie konnten Ihr Kind wahrscheinlich schon früh charakterisieren. Und auch Sie sind ein Mensch mit eigenen Schwächen und Stärken, Sie sind ein Morgenmensch oder eine Nachteule, Sie hatten eine glückliche Kindheit oder eine belastende, Sie haben eine zufriedenstellende Partnerschaft oder immer nur Streit oder Sie sind vielleicht alleinerziehend.

Ob wir ein Kind als gefühlsstark erleben, ist immer eine Mischung von dem, wie ein Kind wirklich ist und dem, was wir in ihm sehen.

Dem Kind gegenüber stehen also wir, die Eltern. Sie kannten sich selbst schon lange, doch mit der Geburt Ihres Kindes sind Sie „von der Frau zur Mutter", „vom Mann zum Vater" geworden. Auch Sie haben sich mit der Geburt Ihres Kindes verändert. Wie haben Sie sich in den ersten Tagen nach der Geburt gefühlt? War es eher eine schwierige oder eine sogenannte „leichte" Geburt? Hatten Sie ausreichend Unterstützung in den ersten Lebenswochen Ihres Kindes? Sind Sie eher ein ausgeglichener oder ein reizbarer Mensch? Werden Sie häufig krank? Und nicht zuletzt: Wie müde oder ausgeschlafen sind Sie im Alltag?

Je schwächer Sie sich fühlen, je weniger Unterstützung Sie erhalten, desto eher kann es sein, dass Sie Ihr Kind als gefühlsstark empfinden.

Und je weniger Kraft Sie für Ihr Kind haben, desto mehr fordert es ein. Je weniger Kraft Sie haben, desto weniger können Sie sich um die emotionale Regulation Ihres Kindes kümmern und desto weniger können Sie selbst ihm ein „nervliches Schutzschild" sein.

Der Begriff „gefühlsstarkes Kind" mit seinen neurologischen Erklärungen deutet an, dass das Kind eben mit einer bestimmten Emotionsregulation auf die Welt gekommen ist und dass wir nur wenig dafür können, dass es ist, wie es ist. Das kann sehr erleichternd sein – wir können uns durch solche Erklärungen sehr entlastet fühlen. Doch wenn wir uns auf diese rein neurologische Erklärung einlassen, dann könnten wir daraus auch lesen, dass wir eben so gut wie keinen Einfluss auf unser gefühlsstarkes Kind hätten. Und das stimmt nicht, denn wir haben nicht einfach nur ein Nervensystem, sondern wir sind ständig mit anderen in Kontakt, die unser Nervensystem mitregulieren.

Früher dachte man, dass viele Menschen eine Depression haben, einfach weil sie mit der Neigung zur Depression auf die Welt gekommen sind. Heute weiß man, dass sich bei fast allen depressiven Menschen wirklich schwere Lebensumstände, vor allen Dingen in der Kindheit, nachweisen lassen. Wenn Sie heute im Lotto gewinnen und erleichtert über den Geldsegen sind, dann wird sich Ihr Nervensystem über die Zeit hin zu einem entspannteren System entwickeln. Wenn Sie viel Grund zur Freude haben, funktionieren Ihre Nerven anders, als wenn Sie ein Schicksalsschlag trifft, an dem Sie lange zu knabbern haben. Das Nervensystem stellt sich also darauf ein, was es in seiner Umgebung vorfindet.

Gefühlsstarke Kinder kommen vielleicht mit einem besonders

sensiblen Nervensystem zur Welt, doch gleichzeitig haben wir als Eltern weiterhin einen Einfluss auf dieses Nervensystem. Mütter, die bereits in der Schwangerschaft sehr belastet und ängstlich sind, die selbst eine ungeschützte Kindheit hatten oder viele Konflikte mit ihrem Partner austragen mussten, bringen häufig ein empfindlicheres Kind zur Welt als Mütter, die in der Schwangerschaft ausgeglichen sein durften (Mennes, 2008; Plagemann, 2012).

Das muss nicht immer so sein, aber es ist häufig so, sodass wir sehen können, dass die Emotionsregulation und die Stimmung der Mutter in der Schwangerschaft schon einen Einfluss auf die Empfindlichkeit des Nervensystems des Kindes haben können. Beispielsweise weiß man heute, dass eine traumatische frühe Kindheit zu einem oft lebenslang stressanfälligen Nervensystem führen kann. Die sogenannte „HPA-Achse", ein Nervensystem zwischen Gehirn und Nebennierenrinde, ist bei diesen Menschen hochreguliert und springt bei leichtesten Stressoren an. Wenn diese Menschen jedoch eine Psychoanalyse oder täglich Yoga machen, dann lässt sich die Empfindlichkeit der HPA-Achse wieder herunterregulieren. Wer täglich Yoga macht, der kann sein Nervensystem sogar dauerhaft beruhigen, auch wenn der Betreffende vielleicht immer empfindsamer sein wird als andere Menschen. Wir haben einen gewissen Grad an Einfluss auf unser gefühlsstarkes Kind, auch dann, wenn es von Grund auf empfindsamer ist als andere Kinder.

In diesem Buch soll es um das enge emotionale Zusammenspiel zwischen Mutter und Kind gehen. Dabei wird das Bild einer Schutzhülle immer wieder auftauchen, denn Mutter und Vater wirken wie eine weitere Umhüllung für das Nervensystem ihres Kindes, wenn sie selbst ausgeglichen sind. Deshalb ist Ihr eigener, innerer Ausgleich, ein wichtiger Teil dieses Buches.

Man könnte sagen: Ihr Kind liegt auch nach der Geburt noch lange in Ihrer Schutzhülle. Wenn Sie als Schutzhülle geschmeidig, wärmend, aber auch atmend sein können, so wird Ihr Kind sich wohlfühlen. Sie beide können dann das Zusammensein genießen.

Doch das Leben spielt oft so, dass Regen, Wind und Hagel eine Schutzhülle angreifen. Wenn Sie selbst es im Leben sehr schwer hatten oder haben, wenn Sie selbst die ganze Härte abbekommen haben, dann kann es sein, dass Sie sozusagen rissig und dünnhäutig geworden sind. Vielleicht kennen Sie den Ausdruck vom „Inneren Kind", der besagt, dass jeder Mensch in sich auch noch das Kind trägt, das er selbst einmal war. Die Erfahrungen, die wir als Kinder gemacht haben, die tragen wir auch als Erwachsene noch mit uns herum. Und wir gehen mit uns selbst so um, wie mit uns umgegangen wurde, als wir klein waren.

Nicht wenigen von Ihnen ging es vielleicht so schlecht, dass Sie als Erwachsener eine Psychotherapie benötigen. In der Beziehung zwischen Psychotherapeut und Patient läuft etwas Ähnliches ab wie zwischen Mutter und Kind: Der Therapeut „hält" sozusagen den Kummer des Patienten und blickt ihn verstehend an, sodass es dem Patienten möglich wird, auf eine sanftere und verstehende Weise mit sich selbst umzugehen. Mit der Zeit kann das Verhältnis, das man zu sich selbst hat, liebevoller und verständnisvoller werden – gleichzeitig verbessert sich so auch die Beziehung zu anderen Menschen.

Als Psychotherapeutin kann ich täglich die Veränderungen sehen, die eine Therapie für den jeweiligen Menschen bringt. Und das Schöne daran ist: Auch den Kindern der Patienten ist damit enorm geholfen. Als ich damals überlegte, ob ich Kinder- oder Erwachsenentherapeutin werden wollte, entschied ich mich für den Beruf der Erwachsenen-Therapeutin, weil ich das Gefühl hatte, so auch den Kindern an der entscheidenden Stelle viel besser helfen zu können.

Was vielen Eltern hilft, ist selbst ein größeres Verständnis für die Psychologie von Kindern und Erwachsenen zu bekommen. Die Psyche entwickelt sich besonders in den ersten drei Jahren des Lebens – wenn man diese ersten drei Jahre versteht, lassen sich viele belastende Symptome, wie z.B. Stressanfälligkeit, Ängste und Depressionen auch noch im hohen Lebensalter beeinflussen. Darum wird es hier in diesem Buch sehr viel um die „Babyzeit" gehen, denn wenn man ihre Entwicklung versteht, lässt sich auch vieles aus dem eigenen Seelenleben besser verstehen.

Jede Nacht, wenn wir uns schlafen legen, schalten wir unser Bewusstsein aus und machen dem Unbewussten Platz. Die Körperhaltung, die wir einnehmen, gleicht der Haltung eines Embryos – Psychoanalytiker sagen: Wir „regredieren", wenn wir uns schlafen legen. Das heißt: Wir gehen zurück in die Kinderwelt, wir werden wieder schutzlos, hilflos und sehen in unseren Träumen die verrücktesten Sachen.

In unseren Träumen und in einer Psychotherapie oder Psychoanalyse merken wir schnell auch eines: Wir sind nicht nur gut. Wir haben geheime, „böse" Wünsche. Wir sind zornig, wollen uns rächen, sind psychisch verletzt. Doch diese Seite in uns wollen wir so gut wie möglich verstecken. Unsere Kinder fordern uns heraus: Wenn wir mit unseren Kindern zusammen sind, werden unsere unerwünschten Seiten wieder wach. Wir hören uns genauso reden wie die eigenen Eltern mit uns redeten.

> *Unsere Kinder sagen uns Dinge, die uns zutiefst verletzen.*

Kaum eine andere Bindung ist so ehrlich, direkt, verletzend, aber auch heilend, wie die Beziehung zum eigenen Kind. Wir müssen uns dabei mit unseren unerwünschten Seiten auseinandersetzen, wenn wir unser gefühlsstarkes Kind verstehen wollen. Und auch unsere Kinder sind alles andere als nur gut und süß.

Babys und kleine Kinder sind in erster Linie „rücksichtslos". Sie wollen gefüttert, angeregt, beruhigt und gewickelt werden. Egal, wie es Ihnen als Eltern selbst geht. Wenn man einmal sieht, wie „egoistisch" ein Baby nach der Brust schnappt, kann man schon mal Angst vor dem eigenen Kind bekommen. Egal, ob Sie Schmerzen haben oder müde sind: Ihr Kind nimmt sich, was es braucht. Und wenn es nachts nicht schlafen will, dann haben Sie selbst ebenfalls eine schlaflose Nacht. Auf dieses anstrengende und „rücksichtslose" Stadium kann Ihr Kind auch später immer wieder zurückfallen, wenn es dem Kind nicht gut geht. Wir kennen es von uns selbst: Wenn wir akut krank sind, dann ist es uns reichlich egal, ob der Nachbar Rückenschmerzen hat oder nicht – wir brauchen selbst dringend einen Arzt und können nicht allzu viele Gedanken an andere verschwenden.

Die herausfordernde Geschichte mit dem gefühlsstarken Kind fängt bei vielen Eltern schon ganz früh an. Das Erste, was Sie als Eltern wahrscheinlich kennengelernt haben, ist der Schlafentzug – er gehört zu den schlimmsten Foltermethoden. Ein Mensch, der einige Tage gar nicht schläft, kann daran schließlich sterben. Der Schlafentzug ist eine der härtesten Proben, die ein Kind seinen Eltern auferlegt – sei es in der Babyzeit oder in der Pubertät und danach, wenn die Kinder viel zu spät nach Hause kommen oder spät abends noch irgendwo abgeholt werden wollen.

Ob Sie Ihr gefühlsstarkes Kind als anstrengend oder nicht empfinden, hängt sowohl von der „Quirligkeit" Ihres Kindes, als auch von Ihrer eigenen körperlichen und seelischen Verfassung ab. Es hängt auch sehr stark davon ab, wie eingebettet Sie sich selbst fühlen: Können Sie auf Ihren Partner als Unterstützer zurückgreifen? Haben Sie guten Kontakt zu Ihren Eltern und/oder Schwiegereltern (falls sie noch leben)? Geht es Ihnen finanziell einigermaßen gut oder kommen Geldsorgen hinzu? Sind Sie selbst weitgehend gesund, oder müssen Sie sich gerade um Ihre eigene Gesundheit bemühen?

Ob Sie „wirklich" ein gefühlsstarkes Kind haben, oder ob es Ihnen nur so „vorkommt", ist in manchen Fällen nicht leicht zu sagen. Wenn andere (Großeltern, Erzieherinnen, Lehrer, Nachbarn, andere Mütter) Ihr Kind auch „gefühlsstark" oder „anstrengend" empfinden, können Sie sich bestätigt fühlen. Meistens aber geht es auch um die „Passung" zwischen dem Kind und der Mutter sowie um die Lebensumstände. Sind Sie gereizt, werden Sie dem Kind vielleicht unbemerkt so viele Grenzen setzen, dass Sie damit seine „Wut züchten". Wenn wir zu oft gegen eine Mauer laufen, wenn wir uns in der Sackgasse fühlen und ständig „Nein" hören, dann werden wir selbst ganz schnell „gefühlsstark". Unsere Wut wächst dann ins Unermessliche, weil wir uns in einer Zwickmühle befinden. Andererseits gehören wir oder unser Kind zu den Menschen, die aus kaum ersichtlichen Gründen rasch wütend werden, obwohl uns von außen betrachtet alle Türen offen stehen.

Doch das Gefühl hat immer recht, es ist immer berechtigt. Die Frage ist, worauf sich das Gefühl bezieht und wie es zustande kommt. Wenn wir jetzt an etwas erinnert werden, das uns früher sehr verletzt hat, dann können wir jetzt sehr wütend werden, auch wenn Außenstehende sagen würden, dass es doch gar keinen richtigen Anlass gibt, jetzt „so auszurasten". Von außen betrachtet vielleicht nicht – von innen betrachtet durchaus schon.

Die Wut kann erst nachlassen, wenn Sie selbst die Zusammenhänge erkennen und in Ihrem Gefühl, wie immer es aussehen mag, verstanden werden. Genauso geht es auch unserem Kind.

Während die Mutter das Kind vielleicht als „gefühlsstark" empfindet, kann der Vater manchmal sagen: „Ich weiß gar nicht, was Du hast! Es ist doch wirklich easy-going!" Während Nachbarin A sagt: „Was für ein unkompliziertes Kind!", sagt Nachbarin B: „Mit Ihnen möchte ich aber nicht tauschen!"

Und während der andere etwas Negatives über Ihr Kind sagt, merken Sie vielleicht, wie wir hier an ein weiteres, ganz sensibles Thema grenzen, nämlich an die Frage nach der Schuld. Auch das Schuldgefühl ist etwas, das Ihnen das Mutterdasein ganz schön vermiesen kann und das Sie davon abhalten kann, weiterhin unvoreingenommen auf Ihr Kind zu reagieren. Daher ist es immens wichtig, sich selbst mit den eigenen Schuldgefühlen auseinanderzusetzen, denn wenn Sie sich schuldig fühlen, mögen Sie dazu neigen, die gefühlsstarken Seiten Ihres Kindes ausschließlich auf eine Laune der Natur, auf die Gene oder den Stoffwechsel zurückzuführen. Es mag sehr entlastend sein, wenn ein Arzt feststellt: „Ihr Kind ist gefühlsstark und hochsensibel. Das ist angeboren, da können Sie nichts für!"

Solche Aussagen mögen auf den ersten Blick entlastend sein, weil sie Ihnen die Schuldgefühle nehmen. Solche Aussagen können Mutter und Kind aber auch emotional voneinander trennen: Sie können zeitweise zur Resignation führen und auch zu dem Gedanken „Ich kann ja eh nichts machen, es ist halt so.".

Tatsächlich sind Sie nicht für alles verantwortlich, auch wenn Sie das als Mutter häufig glauben mögen. Ihr Kind ist ein von Ihnen getrenntes Wesen mit all seinen Eigenheiten. Wenn Sie an einer Spinnenphobie leiden, muss Ihr Kind längst nicht davon betroffen sein und auch umgekehrt wird Ihr Kind Schwächen oder Stärken haben, die nichts, aber auch gar nichts mit Ihnen zu tun haben.

Dennoch ist die Erklärung, Ihr Kind sei aufgrund der Gene oder der Neurophysiologie gefühlsstark, auch mit der Tendenz verbunden, dass Sie nicht mehr so genau hinschauen auf die Stellen, an denen Sie eben doch Einfluss nehmen könnten. Schuldgefühle sind hier ein besonders großes Hindernis. Sie hindern uns oft daran, achtsam zu bleiben und sie vermindern unsere Beobachtungsgabe. Daher geht es in diesem Buch auch darum, den „Schuldgefühlsnebel" zu lichten, damit Sie wieder mehr Zugang zu Ihren Gefühlen und zu denen des Kindes haben.

„Ich bin nicht schuld!" – Schuldgefühle und das Mutter-Kind-Zusammenspiel verstehen

Mit der Schwangerschaft wächst eines von Anfang an mit: das schlechte Gewissen. Schon früh werden Sie sich vielleicht gefragt haben, ob Sie sich richtig ernähren, ob Sie die richtigen Untersuchungen haben durchführen lassen, ob Sie die sanfteste Hautpflege und das wissenschaftlich aktuellste Impfprogramm gewählt haben. „Die Mutter ist sowieso an allem schuld", heißt es oft. „Und was ist mit dem Vater?", lautet dann die Frage.

Meine Antwort fällt häufig zur großen Unzufriedenheit der Mütter aus: Tatsächlich hat die Mutter einen ungeheuren Einfluss auf die psychische Entwicklung ihres Kindes – ganz besonders in den ersten Wochen, Monaten und Jahren. Der Vater ist ebenfalls extrem wichtig, aber er nimmt eine andere Rolle ein. Er wird häufig erst zu einem späteren Zeitpunkt bedeutungsvoll, was den direkten Kontakt zum Kind betrifft. Zunächst dient er sozusagen als Schutzhülle für Mutter und Kind, die in der ersten Zeit eng zusammen sind.

Der Vater steht also besonders zu Beginn des Lebens etwas außen vor und wenn Menschen eine Psychoanalyse beginnen, dann sprechen sie häufig vorrangig von ihrer Mutter, oft auch dann, wenn sie aufgrund schrecklichster Erfahrungen mit dem Vater die Analyse aufsuchen. Wenn die Mutter schon nicht die Täterin war, dann hat sie sich immerhin durch das „Weggucken" schuldig gemacht – die Möglichkeiten für Mütter, sich „schuldig" zu machen, sind schier endlos. Vielleicht litten Sie selbst unter einer narzisstischen, einer Borderline- oder sonstiger Weise „gestörten" Mutter. Der Buchmarkt ist voll davon. Und nun sind Sie selbst Mutter.

Mütter fühlen sich manchmal fast erdrückt von der großen Verantwortung, die sie spüren und versuchen nicht selten, diese Last loszuwerden, indem sie sich dagegen auflehnen. Die Schwierigkeit für mich als Autorin dieses Buches besteht darin, Ihnen als Mutter Ihre Einflussmöglichkeiten zu verdeutlichen, ohne Ihnen das Gefühl zu geben, dass Sie „schuld" an etwas sind. Doch ich denke, das Gefühl wird aufkommen, weil es so stark in uns Müttern verankert ist. Vielleicht lesen Sie weiter mit dem Wissen, dass ich Ihnen keine Schuld anhängen oder einreden will, sondern dass ich Ihnen zeigen möchte, wo Ihre Einflussmöglichkeiten liegen – auch, wenn Sie sich beim Lesen hier und da vielleicht verunsichert fühlen mögen.

Anders als der Vater weiß die Mutter, wie es ist, mit dem Kind körperlich eng verbunden zu sein. Neun Monate hat das Kind im Bauch der Mutter verbracht und nach der Geburt wird es von der Mutter gestillt oder wenn es die Flasche erhält, ist es auch heute meistens noch die Mutter, die das Kind füttert.

In dieser ersten Zeit der Symbiose zwischen Mutter und Kind passiert äußerst viel in der Kommunikation. Das Kind wird während des Stillens oder Fütterns von der Mutter gehalten und es ist mit seinen Augen etwa 20 cm von den Augen der Mutter entfernt. Kind und Mutter tauschen unzählige Blicke aus. Für das Baby gibt es nichts Spannenderes, als in die Augen der Mutter zu blicken. Es imitiert die Mimik der Mutter und die Mutter macht die Mimik des Kindes nach – oft in übertriebener Form.

Wir kennen das alle: Erschreckt sich ein Baby, dann schauen wir es an, ziehen die Augenbrauen hoch und sagen: „Huch, hast Du Dich erschreckt?" Das Baby erkennt dann, dass wir mit ihm sind und dass wir sein Gefühl verstanden haben. An unserer übertriebenen Mimik kann das Baby Erstaunliches ablesen: Es erkennt, dass es gespiegelt wird und es erkennt gleichzeitig, dass wir uns selbst nicht erschrocken haben, weil unsere Stimme und unsere Körperhaltung Ruhe signalisieren.

Durch solche Momente entstehen erste Eindrücke von „Ich und Du". Es finden erste sanfte Trennungen zwischen Mutter und Kind statt, die der Vater durch sein Dasein unterstützt. Dieser frühe Austausch von Mimik, Berührung und Lauten ist nur ein winziges Beispiel dafür, wie die Mutter dem Kind hilft, eigene Gefühle kennenzulernen und später auch zu benennen. Die Mutter muss häufig erraten, was im Kind vor sich geht. Sie kann sich in seine „namenlose Gefühle" einfühlen und den Gefühlen Namen geben: „Ah, ich sehe, Du bist ungeduldig. Du hast Hunger, Du bist jetzt aufgeregt, weil so viel Lärm um Dich ist." In dieser frühen Entwicklung wird auch deutlich, dass unsere Gedanken aus unseren Gefühlen heraus entstehen. Wir spürten als Baby Berührungen und wir spürten uns selbst. „Was ist das da im Bauch?" fragten wir uns wortlos. Mit der Zeit konnten wir unsere Körperempfindungen in Symbole und Gedanken umwandeln: „Mein Magen fühlt sich an wie ein Stein", sagen wir. „Mein Herz fühlt sich an wie befreit", denken wir später.

In heutigen Verhaltenstherapien wird betont, wie das Denken die Gefühle beeinflusst, doch dabei kommt der Aspekt zu kurz, dass häufig zuerst die diffuse Körperempfindung da ist, aus der ein Gedanke entsteht. Viele haben z.B. bei einer Angststörung häufig den Gedanken: „Ich muss sterben." Manche Therapeuten sehen dies als eine gedankliche Überinterpretation von Körperempfindungen an, doch es handelt sich in der Tat um Körpergefühle, die sehr stark sind und die vielleicht sogar einmal Realität waren. Vielleicht waren wir schon einmal in einer lebensbedrohlichen Situation, z.B. als Baby unter der Geburt. Unser Körpergedächtnis hat dies abgespeichert, sodass der Gedanke „Ich muss sterben" weitaus mehr ist als ein katastrophisierender Gedanke. Es ist ein tiefes Körpergefühl, das einst wahr war und das wir wiedererkennen.

Wir sehen also: Mit den Gefühlen ist es nicht so leicht. Das Zusammenspiel von Gefühlen und Gedanken ist hochkomplex. Gefühlsstarke Kinder sind häufig auch Kinder, die schon viel in ihrem kurzen Leben erlebt haben. Wichtig ist es, ihre Aussagen, Gedanken und Gefühle ernstzunehmen.

Je leichter wir Worte für unser Befinden finden, umso besser geht es uns.

Früh lernt das Kind von der Mutter, dass Körperspannungen und Gefühle benannt werden können – auch, wenn es noch nicht spricht, so erfährt es Beruhigung durch den Klang der Worte und durch das Gefühl: Mutter hat mich verstanden. Sie hat erfasst, was das Problem ist. Psychoanalytiker sagen: Die Mutter wandelt unreife psychische Elemente in reife Elemente um.

Viele kennen das von einer Angststörung oder Panikattacke her. Wird man gefragt: „Was hast Du denn?", so kann man häufig gar nicht antworten, denn das, was in einem vorgeht, ist auf eine Art „namenlos". Wenn man dann eine Psychotherapie macht, lassen sich die

Gefühle häufig verstehen und die vorher nicht erklärbaren Vorgänge im eigenen Inneren lassen sich schließlich in Worte fassen. Selbst das Wort „namenlos" kann beruhigend sein, denn man weiß: Der andere hat erfasst, dass ich mich in einem sehr schwierigen, nicht benennbaren und (noch) nicht erklärbarem Zustand befinde.

So, wie der Psychotherapeut mit dem Patienten arbeitet, so arbeitet die Mutter mit ihrem Kind fast die ganze Zeit.

Die Mutter vermittelt dem Kind dadurch das Wichtigste, das es haben kann: Eine gute Fähigkeit, die eigenen Gefühle zu erkennen, zu benennen und einordnen zu können. Sich verstanden zu fühlen hat einen beruhigenden Effekt und ebenso ist es beruhigend, wenn man über seine eigenen Gefühle gut sprechen kann. Kaum etwas ist schwieriger, als herausfinden zu müssen, was das Gegenüber einem mit unklaren Äußerungen eigentlich sagen will. Und so muss die Mutter gerade am Anfang des Lebens ihres Kindes auch sehr viel raten, was ihr Kind denn nun haben, wollen oder eben nicht wollen könnte.

Die Mutter reguliert durch ihr Zusammensein mit dem Kind die Gefühle des Kindes - und das ständig. Genau das ist es, was das Leben mit dem Kind so furchtbar anstrengend macht. „Von außen betrachtet habe ich den ganzen Tag über nicht viel mit meinem Kind gemacht, aber ich bin heute Abend mal wieder völlig am Ende", sagt die Mutter. Außenstehende, die keine Kinder haben, können da manchmal nur verständnislos den Kopf schütteln. Die innere Arbeit, die die Mutter den ganzen Tag geleistet hat, ist von außen nicht sichtbar. Es ist neben der körperlichen Anstrengung, dem Kind immer hinterherzurennen und die Hausarbeit zu erledigen, diese geistig-emotionale Arbeit, die

die Mutter ständig leistet. Genau diese innere Arbeit ist es, die der Mutter so viel Kraft kostet.

> *Die Mutter ist ständig damit beschäftigt, die noch unreifen Anteile der Psyche des Kindes in reife Anteile zu verwandeln, oft ohne wirklich zu merken, welche harte Arbeit sie da leistet. Das Kind, das einfach nur „Bauchweh" hat, will von der Mutter verstanden werden. Die Mutter findet im Zusammensein mit dem Kind heraus, was das „Bauchweh" wirklich bedeutet, kann dem Kind diese Bedeutung mitteilen und so dazu beitragen, dass es sich selbst besser „lesen" kann.*

In einem Seminar hörte ich das Beispiel von einem Kind, das bei der Oma Bauchweh bekam. Die Oma sagte zu dem Kind: „Ich gebe Dir eine Wärmflasche.", wodurch das Kind noch unruhiger wurde. Das direkte Eingehen auf das konkrete Problem half dem Kind nicht, denn das Kind wollte mit dem „Bauchweh" etwas symbolisch ausdrücken, für das es noch keine Worte hatte. Es ging dem Kind erst besser, als die Oma sagte: „Ich sehe, dass Du Heimweh hast. Das tut Dir weh. Aber schon morgen siehst Du die Mama wieder." Die Oma konnte also das konkrete „Bauchweh" als Symbol verstehen und dem Bauchweh die Bedeutung „Heimweh" geben. Das hat das Kind so beruhigt, dass der körperliche Schmerz, der ja ein seelischer Schmerz war, nachließ.

Und Sie ahnen es schon: Bei dieser psychischen Arbeit gibt es unendlich viele Möglichkeiten, die Dinge falsch zu machen, gerade auch bei gefühlsstarken Kindern... Die Mutter kann zum Beispiel das Kind falsch verstehen, seine Bedürfnisse unpassend beantworten. Sie kann sich veräppelt fühlen, obwohl das Kind es ganz ernst meint, sie kann das Weinen des Kindes missinterpretieren oder dem Kind Gedanken und Absichten unterstellen, die es gar nicht hat.

Doch die gute Nachricht ist: Die wohldosierten alltäglichen „Fehler" fördern die Entwicklung des Kindes, denn anhand dieser Fehler merkt es ganz besonders, dass es ein von der Mutter getrennter Mensch ist. Es lernt durch solche „Fehler" zum Beispiel, dass seine Gedanken frei sind und dass die Mutter seine Gedanken eben nicht lesen kann, sondern, dass es sie Mühe kostet, zu verstehen, was das Kind meint und sagen will. So machen drohende Sätze wie „Der liebe Gott sieht alles" oder „Der Weihnachtsmann weiß genau, wann Du nicht brav warst" den Kindern weniger Angst. Und dennoch haben wir als Mütter immer wieder Angst, zu viele Fehler zu machen und dann ein psychisch krankes Kind zu haben.

Machen Sie sich klar: Wer viel leistet und wer sich engagiert, kann auch viele Fehler machen. Je länger ich den Beruf der Psychotherapeutin ausübe, desto verunsicherter bin ich manchmal, weil ich merke, wie komplex jeder Mensch ist. Je mehr ich weiß und erfahren habe, desto reicher erscheint mir dieses ganze Feld. Natürlich wächst mit der Erfahrung auch die Möglichkeit, die Dinge „richtig" zu machen – aber die Unsicherheit bleibt immer.

Genauso ist es mit den eigenen Kindern: Auch hier sind wir oft überrascht, was ein Kind im Nachhinein als gut und richtig empfunden hat und worunter es durch unsere unbemerkten „Fehler" gelitten hat.

Es gibt Mütter, die haben mehrere Kinder großgezogen und sie haben dennoch keine Ahnung von Kindern, weil sie sich selbst nie infrage stellten und über die Bedürfnisse der Kinder einfach hinweggingen. Andere Mütter hingegen haben übermäßig hohe Ansprüche an sich selbst und setzen sich enorm unter Druck.

Der Kinder-Psychoanalytiker Donald Winnicott hat einmal gesagt, dass es nur wichtig ist, dass die Mutter „ausreichend gut" ist. Das heißt: Wenn Sie die Bedürfnisse Ihres Kindes ausreichend gut erkennen und beantworten, dann fördern Sie damit die psychische Gesundheit Ihres Kindes. Die Frustrationstoleranz eines Kindes ist oft höher als wir glauben – nur wenn Kinder überwiegend frustriert und überwiegend nicht verstanden werden, wandert die Frustrationstoleranz gegen Null und sie sind anfälliger, psychisch krank zu werden.

Mütter von gefühlsstarken Kindern, von Schreibabys oder von Kindern mit ADHS geraten bei Sätzen wie diesen möglicherweise in Verzweiflung: Sie geben alles und haben dennoch ein Kind, das nur schreit, impulsiv und unzufrieden ist. Oder ein Kind, das niemals ruhig sitzen kann. Und vielleicht sind Sie selbst betroffen: Sie sind von Herzen bei Ihrem Kind und haben das Gefühl, dass Ihnen in der Kommunikation nur viel zu wenig gelingt. Sind Sie nun „schuld"? Definitiv nicht!

Die Psyche ist ein höchst kompliziertes Gebilde. Wie schon Sigmund Freud, der Gründer der Psychoanalyse, feststellte, sind wir nicht ganz Herr in unserem eigenen Hause. Wenn wir uns selbst schon oft nicht verstehen können, dann ist es auch schwer, unser Kind zu verstehen. Wir haben eine eigene Lebensgeschichte, auf die wir keinen Einfluss hatten. Wir haben Lebensumstände, denen wir ausgeliefert sind und wir haben ein Unbewusstes, das macht, was es will. Wenn wir tief schlafen und schlecht träumen, dann merken wir, wie machtlos wir unserem Unbewussten ausgeliefert sein können. Für sein Unbewusstes kann man niemanden verantwortlich machen.

Schauen wir uns ein Beispiel an, bei dem die Mutter mitbeteiligt ist an der Unruhe des Babys (wobei dieses Beispiel auch auf ältere Kinder und sogar Erwachsene zutreffen kann):

Es gibt ein Experiment, das mit zahlreichen Babys durchgeführt wurde. Die Mutter wurde in diesem Experiment gebeten, ihre Gesichtsmimik ganz still zu halten und das Kind nicht anzulächeln, auch, wenn das Baby sie anlächelte. Daher heißt das Experiment auch „Still Face Experiment". In kürzester Zeit zeigte sich das Baby erst irritiert und wurde dann extrem unruhig. Unter anderem bissen sich die Babys in die Hand oder taten sich auf andere Weise weh, damit sie sich selbst wieder spürten und dieser unangenehmen Situation entfliehen konnten (Tronick, 1989).

Daran sehen wir beispielsweise, dass selbstverletzendes Verhalten nicht immer nur „schlecht" ist, sondern, dass es auch ein Versuch der Selbstfürsorge ist – ein Versuch, in einer unerträglichen Situation zu überleben. Auch wir Erwachsenen finden es höchst irritierend, wenn wir freundlich auf einen Menschen zugehen und er uns unfreundlich anschaut.

Bei diesem Experiment handelten die Mütter bewusst so. Sobald sie nach einer gewissen Zeit wieder lächelten, konnten sich auch ihre Kinder rasch wieder beruhigen.

Nun gibt es solche Szenen aber auch ungewollt – zum Beispiel dann, wenn die Mutter eine Depression hat. Mütter, die nach der Geburt an einer Depression leiden („postpartale Depression") sind in ihrer Mimik teilweise stark eingeschränkt, ohne es zu merken. In psychotherapeutischen Mutter-Kind-Kliniken versucht man dem Mutter-Kind-Paar genau an diesem Punkt zu helfen. Mit Einwilligung der Mütter werden sie mit ihren Babys zu Therapiezwecken während Fütter-, Spiel- oder Wickelsituationen gefilmt. Es ist dann oft deutlich zu sehen, wie eingeschränkt die Mimik der depressiven Mutter im Vergleich zu einer nicht-depressiven Mutter sein kann und wie sehr das Baby daraufhin mit Unruhe reagiert. Die Mütter, die dieses Video im Anschluss gezeigt bekommen, sind dann oft zutiefst betroffen darüber, wie wenig sie ihr Gesicht bewegen. Es wird sofort ersichtlich, dass diese Gesichtsstarre der Grund dafür ist, dass das Baby sehr unruhig und auch gefühlsbetont wird. Es versucht, in übertriebener Weise an die Mutter heranzukommen, weil sie sich so schwer erreichen lässt.

Diesen Zusammenhang zu erkennen, trifft die Mutter zutiefst. Bisher hatten manche von ihnen gedacht, dass sie einfach ein „unruhiges" Kind hatten – doch hier zeigt sich die Wirkung des Zusammenspiels von Mutter und Kind sehr deutlich.

Das bewegungsarme Gesicht ist ein typisches Beispiel für einen Umstand, bei dem die Mutter die Unruhe eines Kindes verstärkt, ohne zu merken, was da wirklich passiert. Denn es ist ihr nicht bewusst, dass sie vielleicht gerade vor lauter Überlastung eine abgeschwächte Gesichtsmimik hat. Sie spürt nur: Da ist was, aber sie kann es sich nicht erklären. Es ist definitiv nicht ihre Schuld und es ist manchmal fast unmöglich, Zusammenhänge wie diese herauszufinden. Dazu braucht es oft eine Therapie und dann ist es ein Segen und eine große Erleichterung, wenn die Mutter diese Zusammenhänge plötzlich erkennen kann, denn das gibt ihr die Möglichkeit, etwas zu verstehen, was ihr vorher völlig unverständlich war.

Der Psychologe Thomas Harms hat auf dem Gebiet der frühen Mutter-Kind-Kommunikation hier viel wertvolle Erkenntnisse erlangt. Einige Psychotherapeuten arbeiten nach seinen Konzepten – auf der Website „Erste Emotionelle Hilfe" finden Eltern Rat und Ansprechpartner: www.emotionelle-erste-hilfe.org.

Sobald die Mutter in der Psychotherapie Entlastung findet und sie emotional und somit im Gesicht wieder beweglicher wird, erholt sich auch das Kind – es wird wieder deutlich ruhiger und weniger „gefühlsstark", weil es schon mit weniger Signalen die Mutter erreichen kann.

> *Was ein Kind „krank" macht, ist häufig nicht die negative Erfahrung an sich, sondern die fehlende Möglichkeit, später darüber zu sprechen. Solange Sie offen sind – auch für schmerzliche Erklärungen – und solange Sie darüber nachdenken und mit dem Kind sprechen können, solange hat das Kind große Chancen, gesund zu bleiben.*

Sehr viele psychischen Vorgänge lassen sich nicht sofort verstehen, sondern müssen sozusagen erst einmal durchgespielt werden. Viele problematische psychische Vorgänge müssen wir „inszenieren", also irgendwie in die Welt setzen und wie auf einer Theaterbühne spielen, damit wir begreifen können, was wir da eigentlich machen und warum wir so handeln, reagieren und sprechen wie wir es eben tun. Gerade auch in Psychoanalysen lässt sich immer wieder feststellen, wie es in einer Stunde zu völlig unverständlichen Szenen kommt, die sich dann aber in der nächsten Stunde verstehen lassen. Wichtig ist es, die Momente auszuhalten, in denen es „schiefläuft" und sie später möglichst mit Neugier und Forscherdrang zu betrachten, auch wenn es noch so unangenehm ist.

Wir sehen: Es gibt natürlicherweise unzählige Möglichkeiten, etwas falsch zu machen. Wenn wir Geldsorgen haben oder Konflikte mit dem Partner, wenn wir eine eigene schwierige Kindheit hatten oder uns um kranke Angehörige kümmern müssen, dann können wir unserem Kind nicht die Aufmerksamkeit schenken, die es vielleicht bräuchte. In solchen Lebenslagen bemerken wir, dass unser Kind vielleicht ganz besonders gefühlsstark ist. Oft sind diese Zeiten verbunden mit dem vermehrten Auftreten von Magen-Darm-Infekten oder Erkältungen, denn das emotional aufgebrachte Kind hat ein geschwächtes Immunsystem, sodass Viren und Bakterien leichteres Spiel haben. Und auch die Mutter wird infolge der Anspannungen und Probleme häufiger von Infekten gebeutelt sein.

Das Problem mit den „Fehlern" ist, dass wir dann manchmal dazu neigen, sie zu überkompensieren. Wenn wir merken, dass etwas „falsch" gelaufen ist mit unserem Kind, wollen wir es beim nächsten Mal unbedingt richtig machen. Mütter, die starke Schuldgefühle haben, neigen dazu, ihr Kind zu verwöhnen oder dem Willen des Kindes nachzukommen, auch, wenn sie es nicht für richtig halten oder wenn sie am Ende ihrer Kräfte sind.

Die Schuldgefühle führen manchmal auch zu einer übertriebenen Überfürsorge und zu zahlreichen Arztbesuchen - auch bei geringsten

Anlässen. Hier kann es besonders schwierig werden, denn ein Arztbesuch ist ja ein Zeichen für etwas „Gutes" in dem Sinne, dass sich die Mutter als fürsorglich zeigt. Es kann aber zu etwas „Schlechtem" kippen, wenn das Kind durch unnötige Therapien gequält wird.

Hier wird die Mutter vielleicht unbewusst auch ihre aggressiven Gefühle los unter dem Deckmäntelchen einer medizinischen Behandlung. So etwas ist nur sehr schwer zu durchschauen und es bedarf einer großen Ehrlichkeit und Wahrheitsliebe, sich mit diesen „Gesundheitsfragen" kritisch auseinandersetzen.

Fassen wir noch einmal zusammen: Alles, was Mütter beunruhigt, kann die Kinder ebenso beunruhigen und ein beunruhigtes Kind ist eben oft ein empfindliches Kind.

Wir kennen es selbst: Während wir eine Blutentnahme beim Arzt kaum spüren, wenn wir stabil sind, so können wir denselben Vorgang als schmerzhaft empfinden, wenn wir selbst gerade eine schlechte Phase haben. Unsere Nerven liegen dann blank. Die meisten Mütter spüren instinktiv, dass ihr Kind sensibler, wütender und emotionsstärker ist, wenn es gerade aufregende Zeiten in der Familie gibt, etwa, weil ein Geschwisterchen geboren wurde. Das schlechte Gewissen lauert dann und wir sorgen uns übermäßig um unser Kind. Und so kommen wir zum nächsten Faktor, der sich oft negativ auf die Kinder auswirkt, obwohl wir es gut mit ihnen meinen: dem Vorsorge-Wahn.

„Wenn Sie jetzt nicht vorbeugen, dann …!" - Die richtige Entscheidung für das Kind treffen

Mütter werden schon vor der Geburt des ersten Kindes damit gestresst, ob alles rechtzeitig in die Wege geleitet wurde. Vielleicht haben Sie bei den Vorsorgeuntersuchungen („U") auch unruhig neben dem Kinderarzt gestanden und darauf gewartet, was er diesmal zu beanstanden hat. „Hmm, Ihr Kind bevorzugt eine Seite.", mag er gesagt haben. Oder: „Ihr Kind müsste sein Köpfchen schon besser heben können." Später hieß es vielleicht: „Ihr Kind müsste schon ‚Schlüssel' sagen können, aber es sagt immer noch Schüssel." Rasch wird zum Rezeptblock gegriffen und das Kind bekommt eine Krankengymnastik, eine Ergo- oder Sprachtherapie verordnet mit den Worten: „Je früher, desto besser."

„Ist doch nur Therapie, damit kann man ja nichts falsch machen.", höre ich Mütter oft sagen. Oh doch, man kann! Das Kind, das früh in eine Therapie gebracht wird, kann ein deutliches Gefühl von Unwohlsein entwickeln und spüren: „Mit mir stimmt was nicht. Ich entwickele mich anscheinend nicht normal. Die Erwachsenen wollen mich nicht so haben, wie ich bin. Sie kämpfen da gegen etwas und ich bin gezwungen, da mitzumachen, ob ich will oder nicht."

Besonders schlimm wird es, wenn wir in die körperliche Integrität des Kindes eingreifen. Auch heute noch ist die Vojta-Therapie bei Babys ein gängiges krankengymnastisches Verfahren, bei dem das Kind in Zwangspositionen gebracht wird. Gesunde Reflexe sollen angebahnt und kranhafte unterdrückt werden. „So früh wie möglich!", heißt es.

Doch auf die Psyche des Kindes kann sich die Vojta-Therapie höchst traumatisch auswirken. Es lernt in dieser Therapie: „Wenn ich schreie, werde ich nicht gehört." Die Erwachsenen machen mit dieser quälenden Behandlung weiter. Doch weil das Kind die Therapie so früh erhielt, hat es keine bewusste Erinnerung daran. Und dann leidet es später, ohne Zusammenhänge herstellen zu können – eben weil die Therapie viel zu früh angefangen hat.

Hinzu kommt, dass kaum einer darüber spricht, wie die Mutter sich bei dieser Behandlung fühlt. Viele Mütter erzählen mir, dass sie selbst von der krankengymnastischen Behandlung nach Vojta traumatisiert sind und dass sie sich furchtbar schuldig fühlen, ihren Kindern das angetan zu haben in dem Glauben, es sei gut für sie. Manche Mütter überkompensieren es und sagen: „Ich bin stolz, dass ich es durchgezogen habe." Jeder Zweifel würde furchtbar schmerzen, doch es wäre gut, genauer hinzuschauen: Wie geht es mir wirklich mit dieser Therapie?

Auch bei anderen Therapieformen leiden die Mütter häufig emotional – es ist ein schwieriges Gefühl, wenn die Therapeutin die Mutter vor die Tür schickt und mit dem Kind „Therapie macht". Es kann ein Gefühl von Erniedrigung wachrufen. Viele Mütter fühlen sich ausgeschlossen, wortwörtlich vor die Tür gesetzt und alleingelassen.

Natürlich kann aber auch das Gegenteil der Fall sein: Viele Mütter fühlen sich durch die Therapien ihrer Kinder auch entlastet und beruhigt, weil endlich jemand ebenfalls ein Auge auf das Problem wirft. Häufig findet sich auch ein Gemisch all dieser Gefühle bei der Mutter: Erleichterung, Kränkung, Hoffnung, Wut und Verunsicherung.

Im Kindergarten dann kommt die eilige Verordnung von Sprachtherapie – schließlich muss das Kind doch fit sein zum Schulanfang! Sobald Ihr Kind zwei Konsonanten hintereinander nicht aussprechen kann, ist es nahe dran, eine Sprachtherapie zu erhalten. Schließlich will man doch Schlimmeres verhindern! Doch ob man mit Sprachtherapie späteren Lese- und Rechtschreibschwierigkeiten wirklich entgegenwirken kann, ist wissenschaftlich nicht erwiesen. Ich kenne keinen Erwachsenen, der „Täcker" statt „Träcker" oder „bau" statt „blau" sagt, wohingegen Kinder sehr lange brauchen können, bis sie zwei Konsonanten hintereinander aussprechen können.

Mit Ergo- oder Psychotherapie ist es ähnlich: „Fangen Sie so früh wie möglich an! So kann sich das Problem erst gar nicht verfestigen.", heißt es. Und je mehr Therapien Sie mit Ihrem Kind machen sollen, desto anstrengender kann das Alltagsleben werden, denn die Kinder sollen pünktlich sein. Da kann es schon mal zu lautem Streit kommen, oder die Mittagspause fällt flach. Die Emotionen des Kindes verstärken sich.

Wichtig ist es, sich nicht von Ärzten einschüchtern zu lassen und den eigenen Kopf zu behalten. Sie kennen Ihr Kind und können es einschätzen. Wenn Sie Zweifel haben an verordneten Therapien, scheuen Sie sich nicht, sich eine zweite Meinung einzuholen und Ihren eigenen Ideen zu folgen. Sie haben einen gesunden Menschenverstand und der kann Ihnen von keinem Arzt oder Therapeuten genommen werden.

Vielleicht mag es Ihnen an der ein oder anderen Stelle gehen wie dieser Mutter, die mir erzählte: „Als ich im Winter einmal mit meinem Kind zur Sprachtherapie fuhr, gerieten wir auf eine vereiste Straßenkreuzung. Ich musste bremsen und drehte mich mit meinem Auto über die Kreuzung. Um Haaresbreite hätten wir einen schweren Unfall gehabt. Da wurde mir ganz klar: Ich werde mein Kind und mich wegen ein paar fraglicher ‚Sprachprobleme' nicht weiter abhetzen und in Gefahr bringen." Sie entschied, die Therapie zu beenden. Das Kind entwickelte sich ganz normal.

Wie falsche Vorstellungen das Kind beunruhigen

Was habe ich im Kindergarten nicht alles zu hören bekommen: „So erziehen Sie Ihr Kind garantiert zur Unselbstständigkeit! Wenn Sie es wieder mit nach Hause nehmen, nur weil es weint! Wie stellen Sie sich das vor? Wollen Sie im ersten Schuljahr neben ihr sitzen und Händchen halten?" Ich war immer der Meinung: Wenn ein Kind morgens in der Kita wirklich sehr weint, absolut nicht bleiben will und es beruflich möglich ist, es wieder mit nach Hause zu nehmen, dann spricht nichts dagegen, es so zu tun. Die Erzieherinnen wehrten sich mit Hand und Fuß gegen mein Vorgehen, als ob ich wirklich einen schweren Fehler begehen würde. Zum Glück habe ich mich nie einschüchtern lassen und konnte bei meinem Gefühl bleiben. Hätte ich mein Kind dort gelassen, hätte es sich vielleicht auch beruhigt – doch vielleicht wäre es nur eine vordergründige Beruhigung gewesen: Häufig sind die Stresshormone deutlich erhöht. Auch, wenn das Kind vordergründig ruhig wird, lässt sich der Stress häufig noch anhand des erhöhten Cortisolspiegels im Speichel nachweisen (Vermeer & Van Ijzendoorn, 2006). Dieser erhöhte Stresspegel ist unter anderem dafür verantwortlich, dass Kinder in Kitas so häufig krank werden.

Natürlich fliegen in der Kita viele Erreger durch die Luft, aber ob ein Erreger krank macht, ist auch eine Frage des Stresslevels. Je gestresster ein Kind innerlich ist, desto empfänglicher ist es für Infekte. Hier sprechen Wissenschaftler vom „Open-Window-Phänomen", weil der Körper den Erregern sozusagen Tür und Tor öffnet.

Falsche Vorstellungen über unsere Kinder haben wir wahrscheinlich häufiger als wir denken. Vieles können wir eben nicht wissen und es ist eine Herausforderung, mehr im Hier und Jetzt zu bleiben. Nichts von dem, was die Erzieherinnen uns prophezeiten, traf letzten Endes zu. Also auch sogenannte Fachleute können nur in Grenzen einschätzen, was aus einem Kind möglicherweise einmal wird.

Wenn wir falsche Vorstellungen von unserem Kind haben, dann fordern wir es emotional heraus und verursachen damit oft Ärger im Kind und in uns selbst. Wir meinen, unser Kind müsste schon etwas Bestimmtes können, obwohl es noch weit davon entfernt ist. Wir sorgen uns, ob es dieses oder jenes noch begreifen wird und machen uns damit schier verrückt. Auch diese Unruhe bemerkt unser Kind – es fühlt sich unter Umständen gedrängt und wird unzufrieden. Doch so manches Wissen kann erleichternd wirken.

Wussten Sie, dass ein Kind erst mit fünf Jahren in der Lage ist, sich in etwa so in einen anderen hineinzuversetzen, wie es ein Erwachsener kann? Diese Fähigkeit, über sich und andere nachzudenken und zu verstehen, was der andere wohl fühlt, denkt und vorhat, nennt sich „Mentalisierungsfähigkeit". Wir meinen so oft, wir kämen damit zur Welt. Doch auch, wenn kleine Kinder schon eine gewisse Art von

Mitgefühl haben, so braucht es für echtes Einfühlungsvermögen eine spezielle psychische Reife, die es ihm ermöglicht, über sich und andere ernsthaft nachzudenken.

Man kann mit dem Kind das „Sich-Einfühlen" üben, soviel man will: Bevor es nicht die erforderliche psychische Reife hat, wird es das nicht können. Es ist wie mit dem Laufen: Das Kind lernt erst ab einem gewissen Alter laufen, egal, wie oft wir es schon früh auf die Beine stellen. Ist der Entwicklungsschritt vollzogen, sehen wir die Veränderung von heute auf morgen.

Ähnlichen Stress machen sich Eltern häufig, wenn Besuch da ist und mehrere Kinder zusammen sind. „Ihr könnt doch *zusammen* spielen!", heißt es dann und es werden viele Anstrengungen unternommen, damit die Kinder „zusammen spielen". Kleine Kinder können jedoch noch nicht richtig „zusammen spielen". Sie sind sehr zufrieden, wenn sie nebeneinander her spielen. Das eine Kind spielt das, das andere jenes und beide sind zufrieden. Auf dem Spielplatz lässt sich wunderbar beobachten, wie Eltern dieses zufriedene Spiel zerstören können, weil sie andere Vorstellungen vom „Zusammenspiel" haben. Dabei können sich Eltern immer wieder entlasten, indem sie einen Schritt zurückgehen und beobachten.

„Sein lassen und dabei begleiten" – das ist vielleicht die wichtigste Formel zur Entspannung.

Wie falsche Vorstellungen vom Schlaf Mutter und Kind beeinflussen

Dieses Kapitel zu schreiben hat mir schlaflose Nächte bereitet (deswegen habe ich es mir bis ganz zum Schluss dieses Buches offengelassen). Denn ich glaube, die Sache mit dem Schlaf ist bei vielen Menschen die komplizierteste, die es gibt. Ähnlich wie bei den Themen Geld, Gewicht und Sauberwerden neigen Menschen dazu, zu flunkern, wenn sie über ihren Schlaf sprechen.

Sehr viele gefühlsstarke Kinder schlafen schlecht, denn sie nehmen ihr Aufgewühltsein und ihre Eindrücke mit ins Bett und es fällt ihnen schwer, diese loszulassen.

Zum Thema „Schlaf" wurden unzählige Bücher geschrieben – heiß geliebt und hoch kritisiert wird das Buch „Jedes Kind kann schlafen lernen" (Kast-Zahn & Morgenroth, 2013), in dem vorgeschlagen wird, das schreiende Kind stufenweise immer länger alleine im Zimmer zu lassen, bis es eingeschlafen ist. Viele Eltern kommen damit hervorragend zurecht, andere sagen: „Ich lasse mein Kind nicht so lange schreien. Der Instinkt sagt mir, dass das nicht gut sein kann. Ich höre doch, wie es sich fühlt! Ich finde es unmenschlich, hier nicht zu reagieren."

Ich kann Ihnen in diesem Kapitel sagen: Auch ich habe keine Lösung für das Schlafproblem. Ich stelle nur fest, dass es auch hier oft schwierig ist in Familien, in denen der Vater fehlt oder in denen die Eltern viele Konflikte mit sich herumtragen. Der Vater als schützender Faktor hat in der Regel eine beruhigende Wirkung auf das Kind. Wenn sich die Eltern noch leise unterhalten, ist das Kind beruhigt und spürt, dass es sozusagen unter dem Dach der Eltern einschlafen kann. Alleinerziehende Mütter hören auch manchmal, dass der Vater sagt: „Bei mir ist das mit dem Einschlafen kein Problem – es schläft meistens sofort nach dem Abendritual ein."

Es kann hilfreich sein zu wissen, dass ein Kind – wie der Erwachsene auch – etwa alle 90 Minuten ein „Schlaffenster" hat, in dem es müde wird. Wenn wir sensibel werden für dieses „Schlaffenster" und das Kind dann schlafen legen, haben wir eine bessere Chance, dass es einschläft, als wenn es in der wacheren Zeit ins Bett gehen soll. Auch hier spielt das „parasympathische Nervensystem", also das System der Ruhe, eine Rolle. Denn es wechselt sich etwa alle 90 Minuten mit dem „sympathischen Nervensystem", dem System der Anregung, ab.

Wir selbst kennen das: An langen Abenden müssen wir die „toten Punkte" überwinden und sind dann auf einmal wieder wacher. Wenn wir sehr müde sind, aber noch nicht schlafen gehen können, dann holen wir uns unsere Energie meistens aus Essen – wir greifen dann zu Knabbereien und ärgern uns später über unser Übergewicht. Der Schlaf ist eine Energiequelle, ebenso wie die Atmung und das Essen eine Energiequelle sind. Wenn wir auf die eigentliche Energie, die wir brauchen, nicht zurückgreifen können, wenn wir uns also z.B. nicht hinlegen können, wenn wir müde sind, dann greifen wir zur nächsten Energiequelle, also dem Essen, zurück.

Nach dem abendlichen Essen werden wir manchmal wieder wacher. Aber normalerweise macht uns eine Mahlzeit ruhiger und schläfrig, weswegen es oft auch hilfreich ist, das Kind nach einer Mahlzeit schlafen zu legen. Viele Kinder beruhigt noch eine Tasse warmer

Kakao am Abend oder ähnlich beruhigende Kost wie z.B. Hafer oder ein kühler Joghurt. Häufig werden die Kinder nach der ersten Schlafphase – also nach etwa 90 Minuten – wieder wach und wir sind völlig entnervt, weil wir selbst gerade in den Schlaf finden wollten.

Nicht selten verarbeiten die Kinder ihre Tageserlebnisse in heftigen Träumen, manche wandeln auch im Schlaf. Während Jungs häufig von Szenen von Autonomie, Bewegung und Freiheit träumen, träumen Mädchen eher von Szenen der Nähe (Hopf, 2019).

Viele Kinder sind von Alpträumen geplagt, die sich jedoch häufig gut verstehen lassen, wenn wir mit ihnen darüber sprechen oder wir uns ihre gemalten Bilder anschauen. Hier ist es oft schwer für die Erwachsenen, eigene Probleme nicht zu verdrängen, denn die Kinder träumen nicht selten auch von den Konflikten und Problemen, die in der Familie stattfinden, z.B. in Phasen einer Trennung oder während einer erneuten Schwangerschaft der Mutter.

„Gegen schlechten Schlaf machste nix!" Dieser Satz hat aus meiner Sicht etwas sehr Erleichterndes. Denn der Schlaf gehört wie die Verdauung und die Sexualität zu den körperlichen Ereignissen, die wir nur schlecht mit unserem „Wollen" beeinflussen können. Verdauung reguliert sich oft am besten, wenn wir nicht darauf achten. Und sexuelle Erregung kommt oft überraschend in Momenten, in denen wir den Kopf ganz woanders hatten. Wenn unser Kind schlecht schläft und/oder wenn wir selbst schlecht schlafen und wir uns darauf einstellen, dass wir „nix" machen können, ist viel gewonnen.

Schlafhygiene-Tipps wirken meiner Erfahrung nach höchstens für eine kurze Zeit – sowohl bei uns selbst als auch bei unseren Kindern. Meistens entsprechen sie nicht den eigenen Gewohnheiten und schon nach kurzer Zeit werden die Schlafhygiene-Maßnahmen wieder aufgegeben. Je mehr man versucht, gegen die Schlafstörung anzugehen, desto schlechter wird der Schlaf – so jedenfalls meine Erfahrung. Schlaf kann sich – ähnlich wie das Körpergewicht – höchstens langsam verändern, etwa, indem das Kind bestimmte Entwicklungen durchlaufen hat oder indem man als Eltern langsam wieder mehr Geld verdienen kann. Aber auch die Klärung lang anhaltender Konflikte oder die langsame Veränderung von Ernährungs- und Bewegungsgewohnheiten kann auf Dauer den Schlaf verbessern. Wer mit Yoga oder Meditation beginnt, wird nach einer Weile schon eine Verbesserung des Schlafes feststellen – es funktioniert auch bei Kindern, wenn sie Freude daran haben. Aber dazu muss man Yoga fest in sein Leben einbauen. Auch kann es helfen, den optimalen Zeitpunkt des letzten Abendessens herauszufinden, doch dieser ist auch Kultur-abhängig. Während ich finde, dass es sich besser schlafen lässt, wenn es nach 17 Uhr nichts mehr zu essen gibt, können sich Franzosen mir wahrscheinlich nicht anschließen.

„Iss nicht so viel, sonst träumst Du schwer.", lautet einer der hilfreichen Sätze, wie ich finde. Doch wer abends nochmal an den Schreibtisch oder sich um den Haushalt kümmern muss, der braucht meistens nochmal eine kleine Stärkung. Sobald Kinder im Haus sind, ist es oft schwer, sich alles so geregelt einzurichten, wie es für einen guten Schlaf nötig wäre. Ich kenne bewegungsfreudige Familien, die abends einfach nur todmüde sind und für die der Schlaf nie ein Thema war. Nicht zu unterschätzen ist hierbei, dass auch die Wohnsituation eine entscheidende Rolle spielt. Wer nie Gelegenheit hat, mit seinen Kindern einfach „raus in den Garten" zu gehen und im dritten Stock einer

Stadtwohnung wohnt, hat andere Voraussetzungen als eine Familie, die in einem Haus mit Garten am Waldrand wohnt. Die Lebensumgebung und der Lebensstil entscheiden gewaltig mit über unseren Schlaf. Beispielsweise leiden gerade Alleinerziehende häufig unter Geldsorgen – eine enorme Anspannung, die auch dem Kind nicht verborgen bleibt. Die einzig wirksame schlaffördernde Methode für Mutter und Kind bestünde hier vielleicht in einem Lottogewinn.

Häufig haben wir völlig falsche Vorstellungen vom Schlaf. Einmal sah ich eine Patientin, die schon verschiedene Schlafmedikamente verordnet bekommen hatte. Sie klagte über ihre Schwierigkeit, durchschlafen zu können. Als ich sie fragte, wann sie denn nachts das erste Mal wach würde, sagte sie: „Schon nach fünf Stunden." Sie hatte fest im Kopf, dass ein Mensch sieben bis acht Stunden durchschlafen müsse und machte sich mit ihrer „Schlaflosigkeit" schier verrückt. Die Erklärung, dass gar nicht so wenige Erwachsene sogar mit fünf Stunden Nachtschlaf auskommen, insbesondere wenn sie mittags ein Nickerchen machen, versetzte sie in Staunen. Sie wusste auch nichts von den Schlafzyklen, die wir nachts haben. Jede Nacht, in der wir normal schlafen, haben wir etwa fünf Schlafzyklen. In jedem Zyklus gibt es eine REM-Phase (Rapid Eye Movement), in der sich die Augen schnell bewegen und wir heftig träumen, sowie eine Nicht-REM-Phase. Ein Zyklus dauert etwa 90 Minuten und bevor der neue Zyklus beginnt, werden wir oft wach. Selbst wenn wir das Gefühl haben, „durchgeschlafen" zu haben, so sind wir häufig doch nach einem Schlafzyklus kurz aufgewacht und direkt wieder eingeschlafen.

Wenn wir um diese Zyklen wissen, dann beunruhigt es uns vielleicht nicht so sehr, wenn wir nachts öfter einmal kurz aufwachen. Auch, wenn Kinder insgesamt mehr Schlaf benötigen, als Erwachsene, so läuft es doch sehr ähnlich ab.

Es ist wichtig zu wissen, dass wir in der ersten Nachthälfte tiefer schlafen als in den frühen Morgenstunden. Das betrifft auch unsere Träume: Während wir in der ersten Nachthälfte oft sehr tief träumen und oft gar nicht merken, dass wir träumen, mischt sich in der zweiten Nachthälfte mehr Bewusstsein in unseren Traum, sodass wir im Traum bemerken, dass wir träumen und damit teilweise auch unseren Traum steuern können, so wie z.B. sonntagsmorgens im Zustand des Dösens.

Dies zu wissen kann bei der Analyse von Alpträumen bei Kindern sehr wichtig sein. Wenn wiederkehrende Alpträume in der ersten Nachthälfte stattfinden, sind sie oft nicht so gut direkt zu beeinflussen. Natürlich lassen sich aber Träume verstehen und wenn wir mit den Kindern darüber sprechen, lassen sie häufig nach. Wiederkehrende Alpträume in der zweiten Nachthälfte können vom Kind teilweise gesteuert werden. Wenn wir ihm dann also beispielsweise sagen, was es machen könnte, um sich vor dem bösen Tier oder Menschen im Traum zu schützen, dann kann das Kind die Hilfe teilweise aktiv in den Traum einbauen.

Unser eigener Schlaf und der des Kindes sind oft Anlass zu den verschiedensten Sorgen. Insbesondere die Befürchtung, dass das Kind zu kurz schläft, taucht immer wieder auf.

Ich las einmal, dass die Menschen, bevor es elektrisches Licht gab, zum Einbruch der Nacht schlafen gingen und dann um Mitternacht nochmals aufstanden und sich zu einem Tee trafen. Die Vorstellung, dass der „schlechte Schlaf" oft vielleicht gar nicht so schlecht ist und dass wir die Wachzeiten auch kreativ nutzen können, ist für viele sehr hilfreich.

Traumatisierte Menschen werden z.B. sehr häufig zwischen zwei und drei Uhr morgens wach. Auch Erwachsene und Kinder mit chronisch entzündlichen Erkrankungen wie Rheuma oder Allergien werden dann wach. Hieran könnte z.b. der körpereigene Kortisonhaushalt beteiligt sein, denn zwischen zwei und drei Uhr morgens wirkt noch der natürlicherweise niedrige Spiegel von Mitternacht nach, sodass sich Entzündungsprozesse verstärken können.

Unsere eigenen Körperrhythmen und die des Kindes genau kennenzulernen, ist sehr wichtig, denn dann können wir sie berücksichtigen und ihnen entgegenkommen.

Es spricht nichts dagegen, nachts um zwei aufzustehen, ein Buch zu lesen oder sich auf die Couch zu setzen, denn wenn wir liegenbleiben, wälzen wir uns unruhig hin und her und es ist nichts gewonnen.

Für viele Eltern ist dann die Zeit zwischen vier und fünf Uhr oft die Zeit, in denen erneut die erholsame Bettschwere eintritt. Wenn wir vom Pech verfolgt sind, ist das die Zeit, in der unser Kind wieder wach wird. Was auch immer sein mag – es ist am besten, herauszufinden, was für einen selbst der einfachste Weg ist, mit dem gestörten Schlaf umzugehen, auch, wenn andere diesen Weg nicht befürworten würden. Ich kenne viele alleinerziehende Mütter, die dem Kind abends keinen Schlafanzug anziehen oder die der Einfachheit halber ihr Kind bei sich im Bett einschlafen lassen. Die meisten Kinder fanden spätestens in der Pubertät den Weg in ihr eigenes Bett. Was davon schadet oder nicht, das mögen Wissenschaftler in späteren Studien herausfinden.

> *Wenn Sie Ihre Erwartungen an Ihren eigenen und den Schlaf Ihres Kindes herunterschrauben, ist oft viel gewonnen.*

Doch wohin mit der immensen Müdigkeit am Tag? „Legen Sie sich tagsüber hin, wann immer es geht, und wenn es nur für fünf Minuten ist.", sagte mir einmal eine chinesische Ärztin in einer Zeit, als ich selbst als Mutter nur allzu wenig Schlaf fand. Ich befolgte ihren Rat. Wichtig ist es dabei, sich wirklich flach hinzulegen, denn der schwere Kopf möchte sich zum Schlaf absenken – es reicht also oft nicht, sich in einen halbhohen Schlafsessel zu legen. Erst, wenn man ganz flach liegt, findet man häufig in einen erholsamen 10-Minuten-Schlaf. Es ist erstaunlich, wie viel der Körper mit ein paar Minuten Schlaf am Tag aufholen kann.

Ob man den Tagesschlaf der Kinder strukturiert, indem man sie nach einiger Zeit gezielt weckt oder ob man sie schlafen lässt, so wie sie es brauchen, auch darüber gehen die Meinungen auseinander. Hier hilft nur geduldiges Ausprobieren.

Bewegungsdrang und die Psyche des Kindes

Es ist schon verrückt: Da wollen wir, dass die Kinder – vor allem die Jungs – in der Schule entgegen ihrer Natur stillsitzen. Wenn sie viele Jahre später mit 40 Jahren dann übergewichtig und faul auf der Couch liegen, hat der Arzt Mühe, seine Patienten zur Bewegung zu motivieren.

> *Ein gefühlsstarkes Kind ist oft auch ein Kind mit einem großen Bewegungsdrang.*

Wir wollen unsere Emotionen motorisch abreagieren: Wenn wir unruhig werden, wippen wir mit den Beinen oder trippeln mit den Fingern auf dem Tisch herum. Doch kleine Bewegungen reichen oft nicht. Jungs haben schon als Baby und Kleinkind einen höheren Bewegungsdrang als Mädchen und sie bewegen sich weiter weg von der Mutter als die Mädchen (Largo, 2017).

Doch Kinder haben kaum noch die Chance, auf Bäume zu klettern oder über Bäche zu springen – und wenn sie diese Möglichkeit einmal haben, dann stehen wir Eltern oft besorgt daneben. Hektische Bewegungen erhöhen die Unfallgefahr und Kinder, die es nicht gewohnt sind, auf einem Bein zu stehen, zu hüpfen, zu klettern und Fahrrad zu fahren, sind oft besonders gefährdet, zu stürzen und andere Unfälle zu haben. Aber wir können viel dafür tun, dass sich unsere Kinder in gesunder Weise bewegen. Auch hier kommt es wieder darauf an, sie zu lassen und sie aufmerksam zu begleiten.

Auf unserem Spielplatz gegenüber kann ich regelmäßig Kinder mit ihren Eltern beobachten. Es gibt einen Balancierstamm, an dem sich täglich Dramen abspielen. Zu den häufigsten Aufforderungen, die ich höre, gehören: „Halt Dich fest! Schau nach vorne! Pass auf!" Dabei sind diese Aufforderungen häufig überflüssig: Jedes Kind passt von

Natur aus auf sich auf. Ein Kind hält sich natürlicherweise fest, denn es möchte nicht herunterfallen.

> *Das meiste, das wir unseren Kindern sagen, wissen sie selbst, doch wir können es nicht glauben.*

Manchmal habe ich sogar den Eindruck, dass manche Eltern diese Sätze nur sagen, damit andere Eltern von ihnen denken, dass sie gute Eltern sind. Oft kann ich beobachten, wie Eltern ziemlich verunsichert ihre Kinder an der Hand auf dem Balancierstamm begleiten.

Kürzlich kamen zwei kleine holländische Mädchen auf den Spielplatz gelaufen – sie spielten Pferdchen und das Kleinere der Mädchen rannte förmlich über den Balancierstamm, während das andere Mädchen die Fantasie-Leine hielt. Sie liefen so flink und geschickt, dass ich kaum glauben konnte, dass es sich um denselben Balancierstamm handelte wie bei den Kindern am Vormittag.

> *Wir können die Beweglichkeit unserer Kinder fördern, indem wir sie mehr beobachten und weniger ängstlich festhalten. Sie haben ihre Bewegungen von Natur aus gut im Griff, doch wenn wir sie immer wieder stören, züchten wir ihre Ungeschicklichkeit förmlich heran.*

Besondere Dramen sehe ich auch immer wieder in Schwimmbädern. Es ist erstaunlich, mit wieviel Komplikationen die Eltern ihr Kind in das Element „Wasser" einführen – unser natürlichstes Element, aus dem wir kommen und in dem wir unsere ersten neun Monate verbrachten, wird zum Feind erklärt. Viele Eltern lassen ihre Kinder nicht entscheiden, wann sie ins Wasser gehen, wie weit sie gehen wollen, wie langsam sie eintauchen möchten und wie sie sich gerne im Wasser bewegen möchten. Es ist alles vorgegeben: Schließlich sollen die Kinder doch schwimmen können, sobald sie in die Schule kommen! Schließlich sollen die Kinder sich doch selbst helfen können, sollten sie irgendwo in einen Pool oder Teich fallen! Wieder regiert hier die Angst, die so vieles zunichte macht. Wenn wir nicht hineinfuhrwerken, sondern einmal schauen, mit wieviel Freude Kinder Kontakt mit Wasser aufnehmen, was sie damit machen und wie sie sich darin bewegen, dann können wir einfach nur erleichtert aufatmen. Es ist so schön anzusehen! Es ist so viel wichtiger, dem Kind die sinnliche Erfahrung „Wasser" zu ermöglichen, als ihnen zu sagen: „Komm, diese Bahn schwimmen wir noch! Kopf hoch! Arme weit bewegen!" Es ist ähnlich wie auf der Schaukel, an der wir den Kindern permanent erzählen, wann sie die Beine nach hinten und nach vorn bewegen sollen. Dabei ist es für Kinder einfach schön, in der Schaukel zu sitzen, angeschubst zu werden und in die Sonne zu blinzeln.

Manche Kinder wollen es wissen und dann ist es auch nicht verkehrt, ihnen zu sagen, wie sie Schwung holen können. Auch hier gilt: Es ist nur dann sinnvoll, wenn wir spüren, dass unsere Kinder dazu gerade bereit sind und hier auf unsere Hilfe warten.

Wir können unsere Kinder fördern, indem wir sie als Kleinkind im Tragetuch tragen und sie dann ohne Angst über die Wiese krabbeln lassen. Je öfter wir sie barfuß laufen lassen, umso besser. Wir brauchen längst nicht so viel Angst vor Erkältungen zu haben, wie wir meinen, denn Erkältungen entstehen dann, wenn die Kinder geschwächt sind und geschwächt sind sie meistens nicht durch zu wenig Kleidung, sondern durch sozialen Stress wie z.B. zu frühe und zu viele Trennungen von zu Hause, weil die Mutter darauf angewiesen ist, arbeiten zu gehen.

Wenn wir die Kinder einfühlsam bei ihren Bewegungen begleiten, können sie sicher, geschickt und geschmeidig werden. Holperige, stürmische und halsbrecherische Bewegungen entstehen oft durch Ungeübtheit, ein schlechtes Körperempfinden oder auch durch die Tendenz, sich selbst zu verletzen, weil das Kind unzufrieden ist. Diese Selbstverletzungstendenz ist nicht zu unterschätzen.

Wenn Kinder sich nicht genug gesehen, gehört und verstanden fühlen, versuchen sie nicht selten, über Verletzungen die Aufmerksamkeit zu bekommen, die sie brauchen. Diese Vorgänge sind ihnen halb-bewusst; sie lassen es dann gerne mal „drauf ankommen". Wenn wir kleine Kinder einmal beobachten, wann sie fallen, dann ist es oft genau dann, wenn die Mutter mit der Nachbarin über ihre Ehe- oder beruflichen Probleme spricht. Wir finden diese Stürze und das Weinen dann anstrengend und denken: „Nicht schon wieder!" Aber im Grunde spüren auch wir als Eltern, wenn wir unsere Kinder mit bestimmten Themen überfordern.

Es ist also erstaunlich, wie viel Einfluss wir als Eltern doch nehmen können in Bereichen, die wir vielleicht nie bedacht haben. Es ist nicht leicht, selbstkritisch zu sein, aber es ist ein Abenteuer, wenn wir uns einmal darauf einlassen, uns selbst besser kennenzulernen.

Wir können unseren Kindern mehr zutrauen, als wir oft glauben und wir können Ihnen sogar zu einem besseren Körpergefühl verhelfen, wenn wir selbst ein besseres Körpergefühl erlangen. Wer zum Beispiel regelmäßig Yoga, Tai Chi oder ähnliches übt, der bekommt für sich selbst ein besseres Gefühl und kann dann sein Kind bei Bewegungen besser begleiten, weil er besser weiß, wie sich gute Bewegungen anfühlen. Daher kann z.B. auch Krankengymnastik kritisch betrachtet werden, weil wir da eine Vorstellung von „der Norm" haben und das Kind in die richtige Richtung biegen wollen, ohne dass wir manchmal ein Gespür dafür haben, ob sich das nun für das Kind gut anfühlt oder nicht.

Wohltuende Körpergefühle sind wichtig für das Kind, um ein gutes Verhältnis zu seinem Körper zu entwickeln. Es ist also wichtig, gut nachzudenken, bevor wir unser Kind in irgendeine „Frühförderung" stecken, die vielleicht gut gemeint, aber nicht gut ist. Einer meiner Kollegen, ein Kinderarzt, sagte mir einmal: „Es reicht völlig, wenn man den Kindern einfach genug Bewegungsmöglichkeiten anbietet. Wenn sie ein bisschen Wiese, Bälle, einen Baum, ein Klettergerüst oder eine Schaukel, ein Trampolin oder weiche Matratzen zum Herumturnen haben, dann brauchen sie nichts anderes. Ich verordne nur dann Krankengymnastik, wenn ich sehe, dass die Eltern rein gar keine Möglichkeiten haben, ihrem Kind von sich aus Bewegungsmöglichkeiten anzubieten."

Spezialfall ADHS – erklärt anhand einer Therapiestunde

Über das Aufmerksamkeitsdefizit-Hyperaktivitätssyndrom (ADHS) wird viel diskutiert. Es gibt sehr viele Ansätze, es zu betrachten und rasch fühlen sich Eltern missverstanden, wenn die Betrachtungsweisen eines anderen von ihren eigenen abweichen.

Der Leidensdruck der betroffenen Eltern ist enorm. Die häufigste Frage zu diesem Thema lautet wohl: „Ist ADHS nun eine biologisch erklärbare, angeborene Störung oder ist es auch abhängig von der Beziehung zu den Eltern?" Heute geht es auch um die Frage, ob ein Kind ADHS hat oder ob es nicht einfach nur gefühlsstark ist.

Wo auch immer die Ursachen für die Bewegungsunruhe liegen: Es ist wichtig, den eigenen Einfluss auf das Kind nicht zu unterschätzen. Das nachfolgende Gespräch mit der Mutter eines ADHS-Kindes zeigt, wie die Mutter zu einer entspannteren Situation beitragen konnte, nachdem sie vorher durch extrem schwere Zeiten ging.

„Er sieht es einfach nicht ein!", sagt die Mutter erschöpft. Ich sehe ihre dunklen Augenringe – sie hat offensichtlich schon länger nicht geschlafen. „Was sieht Ihr Sohn nicht ein?", frage ich. Die Mutter wird ärgerlich – schließlich hat sie mir nun schon seit einigen Minuten von ihrem ADHS-kranken Kind erzählt. „Na, er sieht einfach nicht ein, dass er seine Tabletten nehmen muss! Das macht mich wahnsinnig." Jetzt werde ich hellhörig. „Sie erwarten also, dass Ihr Sohn etwas einsehen soll.", sage ich. „Und zwar, dass er einsehen soll, dass er Tabletten nehmen muss." – „Ja, genau", antwortet die Mutter. „Ein friedliches, gemeinsames Leben zu Hause ist nämlich sonst nicht möglich. Er kann keine Sekunde stillsitzen und nimmt uns die Bude auseinander." Die Mutter ist völlig verzweifelt. Sie schaut mich die ganze Zeit an, als könne sie von mir kein Verständnis erwarten. Schließlich hat sie schon in meinem Blog gelesen, dass ich keine Befürworterin von Medikamenten bin. Nun erwartet sie, dass ich sie verachte und nicht verstehe. Doch geht es hier nicht nur um das Medikament, sondern um Selbstbestimmung und um die Vorstellung, die die Mutter von ihrem Kind und von der Beziehung zu ihm hat. Die Vorstellung lautet vereinfacht so: „Ich bin am Ende meiner Kräfte, liebes Kind. Bitte nimm' diese Dinger ein, damit Du ruhiger wirst und ich nicht durchdrehe."

Dahinter steckt die Angst der Mutter, sie könnte ihre Kräfte vollends verlieren und dann nicht mehr funktionieren. Des Weiteren steckt dahinter die Vorstellung, ihr Sohn könne nicht ruhig werden, außer durch Medikamente.
Und dann kommt noch etwas Drittes hinzu: Diese Mutter selbst wurde schon immer fremdbestimmt. Es war ihr als Kind unmöglich gewesen, ein Bedürfnis zu äußern und dann die Erfahrung zu machen, dass dieses Bedürfnis gestillt würde. Sie musste sich dem Willen anderer Bezugspersonen seit Kindesalter an beugen.

Sie hatte als Kind kaum ein Gespür dafür, was sie selbst für richtig hielt. Sie hatte Eltern, die sie fast ständig übergingen: „Es wird gegessen, was auf den Tisch kommt!", „Du bleibst hier solange sitzen, bis Du aufgegessen hast.", „Zieh' die Mütze auf, sonst gehst Du hier nicht aus dem Haus." Sätze, die sie von ihren eigenen Eltern kannte, haben sich tief in ihr verfestigt.

Natürlich haben Kinder ein Gespür für sich und ihren Körper, doch wenn dieses Gespür immer wieder übergangen und missachtet wird, dann wird ihnen dieses Gespür sozusagen selbst „egal". Sie beginnen, es selbst zu übergehen. Das Kind beginnt, von sich selbst „wegzuhören" und der Einfachheit halber das zu tun, was die Mutter sagt oder aber umgekehrt: einfach zu rebellieren, egal, was die Mutter sagt.

Die Mutter übersieht aus lauter Angst vor dem eigenen Zusammenbruch, dass ihr Sohn einen eigenen Körper hat, den er spürt und über den er auch bestimmen möchte. Er will nicht „essen, was auf den Tisch kommt.", sprich: Er will nicht einfach die Tabletten nehmen, nur weil die Mutter es will. Was zuerst als anstrengend und bockig erscheint, weil der Junge sich widersetzt, ist also eine sehr gesunde Seite des Jungen. Er hat ein Gespür für seinen Körper, er weiß, wer er ist. Offensichtlich hat die Mutter ihm genügend Raum gegeben, dass er sich wahrnehmen kann und das auch äußern kann: „Nein, ich möchte diese Tabletten nicht nehmen."

„Ein bisschen kann ich es ja sogar verstehen.", sagt die Mutter. „Als ich vor einigen Wochen in der Reha war, da wollte man mir unbedingt Medikamente andrehen, aber ich wollte nicht. Das war eine ganz schlimme Erfahrung, denn die Ärzte drängten mich, diese Medikamente zu nehmen."

Ich sage: „Das ist ja erstaunlich, dass Ihnen das jetzt einfällt." Sie sagt: „Ja, irgendwie habe ich gemerkt, wie große Angst ich davor habe, dass alles nicht mehr zu schaffen." Sie fängt an zu weinen. „Und wenn mein Sohn diese Tabletten nicht nimmt, dann ist es tatsächlich so weit: Ich halte das einfach nicht mehr aus!" Ihre ganze Verzweiflung wird nun sichtbar.

Vorsichtig sage ich: „Also sind die Tabletten des Sohnes eigentlich dafür da, um Ihnen selbst Sicherheit zu geben. Die Tabletten sollen helfen, Sie zu regulieren, indem sie den Sohn regulieren." Die Mutter schweigt eine Weile. Dann sagt sie zögerlich: „Ich fühle mich dann abends auch immer ganz schlecht, wenn ich ihn gezwungen habe, diese Medikamente zu nehmen, obwohl er es nicht will. Ich habe dann so ein schlechtes Gewissen! Meine Freundinnen sagen dann immer, ich sollte meinem Sohn zeigen, wo's lang geht. Er soll mir nicht auf der Nase rumtanzen und da haben sie ja auch recht. In dem Moment, wo ich meinen Sohn zwinge, denke ich daran, was mir die Freundinnen sagen. Aber abends kommt das schlechte Gewissen. Wie soll ich denn aus diesem Teufelskreis rausfinden? Er sieht es ja wirklich nicht ein!"

Ich antworte: „Sie beschreiben es so, als ob Ihr Sohn nicht einsieht, dass er diese Medikamente braucht, um ruhiger zu werden. Aber das weiß er ja, dass er unruhig ist und diese Medikamente ihn ‚ruhig' machen. Doch er will das nicht. Er hat das Gefühl, er wird eingeschränkt, fremdbestimmt und durch die Medikamente in seiner Vitalität beschnitten. Was er aus Ihrer Sicht in Wirklichkeit ‚einsehen' soll, ist, dass Sie am Ende Ihrer Kräfte sind und dass Sie ihn bitten, ruhiger zu werden. Können Sie mit ihm darüber sprechen?" – „Nein", sagt sie. „Bisher konnte ich das noch nicht mal so richtig denken. Ich habe Angst, wenn ich so mit ihm rede, dass er dann denkt, er könnte nun wirklich alles machen, was er will! Ich bin doch seine Mutter und er soll mich nicht für schwach halten. In den Ratgebern steht doch immer, dass man Eltern bleiben soll und nicht die Kinder dafür nutzen soll, getröstet zu werden."

Ich bin überrascht: „Ah, Sie würden sich sogar vielleicht Trost von ihm wünschen.", sage ich. Wieder weint sie. „Ja, ich bin doch ständig so traurig. Seit mein Vater gestorben ist, habe ich keinen Halt mehr. Auf meinen Mann ist doch kein Verlass, er hat für mich kein Ohr. Mein Sohn ist da schon anders, er ist oft sehr verständnisvoll." „Also da ist eine große Trauer", sage ich. „Sie sind so traurig, dass Sie befürchten,

Ihr Sohn könne Sie so sehen und Sie trösten, wenn der Kampf um das Medikament einmal aufhört." – „Ja. Und das will ich nicht."

„Aber vielleicht muss und will Ihr Sohn Sie gar nicht trösten", sage ich. „Vielleicht reicht es ihm, wenn Sie ihm sagen, dass Sie Sorge um Ihre Kräfte haben. Vielleicht sollte er wissen, dass Sie immer noch um Ihren Vater trauern. Das heißt ja nicht, dass Sie die Rollen umkehren, sondern nur, dass Sie zeigen, was in Ihnen vorgeht. Sie zeigen, dass Sie sich selbst ernst nehmen und kommunizieren das. Das heißt nicht, dass Ihr Sohn allein dadurch von jetzt auf gleich ruhiger wird. Aber vielleicht entsteht ein neuer Raum von Möglichkeiten."

Heute weiß man, dass ADHS auch damit zu tun hat, ob die Mutter die Gefühle des Kindes aufnehmen („containen") kann, ob ein unterstützender Vater da ist und ob es unausgesprochene Trauer gibt (Hopf, 2019). Die Mutter kann Gefühle des Kindes nur regulieren, wenn es ihr selbst ausreichend gut geht. Sie braucht für diese emotionale Arbeit Kapazitäten. Die Kraft dafür findet sie vielleicht beim Partner, bei Freunden oder auch in einer Psychotherapie.

Wenn die Mutter jedoch nur auf sich selbst gestellt ist und ihre eigenen Emotionen keinen Platz finden, dann läuft sie innerlich quasi über. Wie soll sie dann noch die Emotionen ihres Kindes regulieren? Das Kind spürt, dass es die Mutter gerade nicht als „Container" nutzen kann. Das Kind ist dann sich selbst überlassen und wird unruhig.

Um einem ADHS-Kind zu helfen ist es unter anderem besonders wichtig, der Mutter zu helfen.

Die Sorgen und die Anspannungen der Mutter müssen zunächst selbst erkannt, besprochen und verdaut werden. Ich sehe immer wieder, wie es unruhigen Kindern besser geht, allein dadurch, dass die Mutter mit einer Psychotherapie begonnen hat. Mit „Schuld" hat das rein gar nichts zu tun – eher mit Physik. Wenn ein Fass Wasser überläuft, dann ist niemand schuld daran – höchstens der, der ein zu kleines Fass für zu viel Wasser gebaut hat. Doch mit dem Schuldgedanken kommen wir nicht weiter. Es ist wichtiger, zu schauen, was da genau ist, wo das Problem liegt und wie man es lösen könnte. Ganz oft sehe ich, wie unruhige Patienten (auch Erwachsene mit der Diagnose „ADHS") plötzlich ganz ruhig werden, wenn sie anfangen, zu weinen.

Sobald Trauer sichtbar werden darf, kehrt Ruhe ein.

Das klingt nun natürlich alles sehr einfach – so, als ob man mit einem Schalter alles rasch umlegen könnte. Das ist bei Weitem nicht so. Wichtig ist es jedoch, offen zu bleiben für verschiedene Ideen und Erklärungsansätze. Manchmal merkt man dann vielleicht hier und da, wie sich in Mini-Schritten kleinste Veränderungen ergeben.

Einige Wochen nach unserem Gespräch kommt die Mutter zurück: „Es ist immer noch die Hölle.", sagt sie. „Aber ich kämpfe mit meinem Sohn nicht mehr darum, die Tabletten einzunehmen. Ich wünsche mir, dass es ihm besser geht als mir damals und dass er das Gefühl behält, dass er über seinen Körper bestimmen darf. Einmal hatten wir einen guten Augenblick: Ich merkte, wie ich wütend und verzweifelt wurde und dann dachte ich an meine Angst, es nicht mehr zu schaffen. Irgendwie gelang es mir, mich ruhig vor meinen Sohn zu stellen und zu sagen: ‚Ich glaub', ich schaff das nicht mehr.' Mehr habe ich nicht gesagt. Aber irgendwie war das so echt, ich konnte so ehrlich sein, ohne Vorwurf, dass er mich verdutzt anschaute und kurz abließ von seinem nervigen Spektakel. Ich weiß gar nicht, was danach war, aber irgendwie war da Ruhe."

Einmal gefühlsstark, immer gefühlsstark?

Vielleicht konnte ich mit der „ADHS-Geschichte" zeigen, wie sich das emotionale Zusammenspiel zwischen Mutter und Kind gestalten kann, wie sich beide gegenseitig aufschaukeln, aber auch wieder beruhigen können. Es gibt mehr und mehr Hinweise darauf, dass ein gefühlsstarkes Kind, oder auch unruhiges, anstrengendes Kind, häufig schon von Anfang an so war. Vom Schreibaby entwickelte es sich zu einem stark trotzigen Kind und erhielt dann in der Pubertät möglicherweise die Diagnose „ADHS". Von schlaflosen Nächten über „Dreimonatskoliken" und extremen Wutanfällen in der Schule zieht sich das „Gefühlsstarke" vielleicht durch das Leben eines Kindes wie ein roter Faden.

Dies wird psycho-logisch, wenn wir das starke Gefühlsleben des Kindes einmal als Folge eines geschwächten „emotionalen Daches" betrachten. Das „fehlende Dach" können ein fehlender Vater, fehlende Großeltern oder Schwiegereltern, fehlendes Geld oder fehlende Freunde sein. In Familien, in denen der Vater fehlt, kommt ADHS häufiger vor als in „Vater-Mutter-Kind-Familien" (Widener, 2008). Hier fehlt der Mutter die Unterstützung durch den Partner und dem Kind fehlt der emotionale Schutz, den der Vater als „Dritter" durch seine Stärke liefert. Der Vater ist ein wichtiger Ausweg für das Kind aus der engen Beziehung zur Mutter. „Wenn es bei Mama nicht geht, geh' ich halt zu Papa.", sagt das Kind und hat damit etwas wirklich Wichtiges begriffen: Es gibt für alles eine Lösung.

Der Vater als „Dritter" weist dem Kind den Weg nach draußen, sodass die Beziehung zur Mutter weniger bedrohlich und weniger beunruhigend erscheint. Es ist aus der Sicht des kleinen Kindes völlig logisch: „Wenn ich mit jemandem alleine bin, auf den ich noch völlig angewiesen bin, dann versuche ich, meine Gefühle stark zu regulieren. Ich kann nicht wirklich entspannen, denn Aggressionen kann ich mir nicht leisten. Wenn ich es mir mit der Mutter verderbe, ist keiner mehr da", so der (unbewusste) Gedankengang.

Der Vater bietet dem Kind eine emotionale Sicherheit, einen Ausweg aus der Zweierschaft mit der Mutter und hat somit eine beruhigende Wirkung. Natürlich beschreibe ich hier den psychologischen Idealfall, der nur selten anzutreffen ist. Ein Elternpaar, das immer nur streitet, ist schwer beunruhigend für ein Kind – da ist es oft besser, die Eltern sind getrennt erziehend. Ich möchte mit solchen „Heile-Welt-Beispielen" jedoch verdeutlichen, wie die Seele reagieren kann, wenn ihr etwas fehlt.

Fehlt der Vater – emotional oder real – so ist es meistens hilfreich, wenn die Mutter möglichst enge Bindungen in der Außenwelt hat. Hierzu kann die beste Freundin genauso gehören wie eine gute Nachbarsfamilie, zu der man den Kontakt pflegt.

Vom Trotz bis zur Pubertät – Wahrheiten willkommen!

Nach der Zeit der „Dreimonatskoliken" zeigt sich das „Gefühlsstarke" eines Kindes in zwei besonderen Zeitspannen sehr deutlich: In der Trotzphase und in der Pubertät, die sich in vielerlei Hinsicht ähneln und die für die Eltern eine echte Herausforderung sind. Besonders in diesen Phasen spielt der Umgang mit Aggressionen eine große Rolle. Es geht um den Wunsch des Kindes, „ganz Ich" und selbstbestimmt zu sein.

„The terrible Two" nennen englischsprachige Eltern die Trotzphase ihrer Kinder, die schon früh beginnt, oft im Alter von zwei bis drei Jahren ihren Höhepunkt erreicht und dann – wenn man Glück hat – wieder abflacht.

Kaum sieht man Eltern so verzweifelt kämpfen wie in der Zeit, in der die Kinder die „Trotzphase" erlangt haben. Sigmund Freud nannte diese Phase die „anale Phase", weil das Kind in dieser Zeit lernt, den Stuhl bewusst zu halten, sich körperlich immer sicherer bewegen kann und dadurch erfährt, was es heißt, selbstständig zu sein und auch Macht über sich selbst und andere zu haben.

Das Kind kann dann anfangen, mit der Mutter zu kämpfen, indem es sich z.B. weigert, den Stuhl herzugeben. Besorgt landen die Eltern dann beim Kinderarzt mit der Frage: „Was kann ich gegen die Verstopfung tun?" Der Machtkampf von Seiten des Kindes lautet: „Wessen Körper ist das hier eigentlich? Deiner oder meiner?" Dieser Kampf kann sich auf alle Bereiche ausdehnen und ist oft verbunden mit den Themen Zwang, Kontrolle und Sadismus. Das Kind sagt sozusagen:

„Wann immer Du mich zwingen willst, werde ich mich verweigern", wohingegen die Eltern vielleicht erwidern: „Und jetzt erst recht! ICH bin hier die Mutter/der Vater!" Und auch hier können wieder falsche Vorstellungen das Salz in der Suppe sein, das alles noch viel schlimmer macht.

Wie in einem Beispiel bereits kurz angedeutet, sind viele Mütter der festen Überzeugung, dass sich ihr Kind erkältet, wenn es keine Jacke oder Mütze trägt. Sie beherrschen dann den Körper des Kindes, indem sie ihm diese Dinge aufzwingen, obwohl sich das Kind mit aller Macht wehrt. „Ohne Mütze gehst Du nicht nach draußen!", heißt es dann.

Eine Mutter erklärt: „Natürlich mache ich das so, denn die Kinder sind doch noch viel zu klein, um selbst beurteilen zu können, ob sie eine Mütze brauchen oder nicht!"

Vielleicht können wir diese Ansicht einmal in Frage stellen. Ist es so, dass ein kleines Kind das noch nicht beurteilen kann? Babys können sich noch nicht entsprechend äußern und sie wehren sich noch nicht – da haben wir wirklich die Pflicht, einzuschätzen, wie warm es angezogen sein sollte und wir können dem Baby leicht eine Mütze überziehen. Doch sobald das Kind „Nein" sagen kann, haben wir eine neue Situation.

„Nein heißt Nein!", sagen wir Eltern den Kleinen. Doch das wirkt nur, wenn wir auch das „Nein" des Kindes respektieren.

Auch kleine Kinder merken, wenn es ihnen zu kalt ist. Sie können es vielleicht nicht sofort beurteilen, wenn sie gerade aus der warmen

Wohnung kommen, doch wenn wir die Mütze selbst einstecken und ein wenig warten, dann wird auch unser Kind spüren, wie kalt es wirklich ist. Wenn wir unsere Kinder achtsam begleiten, dann werden wir sehen, wenn sie frieren. Und sie werden auf uns zukommen, wenn sie wissen, dass wir da sind und wir sie nicht mit den Worten beschämen: „Siehst Du? Ich hab's doch gleich gesagt!". Sie werden dann bereit sein, die Mütze zu tragen, wenn ihnen kalt geworden ist und sie es als etwas Hilfreiches und nicht als etwas Aufgezwungenes erleben.

Wir haben zu sehr den Glauben daran verloren, dass eine ruhige Art der Kommunikation mit Kindern tatsächlich möglich ist, weil wir nie weit genug geschaut haben. Viel zu früh kommt die Angst: „Wenn sich mein Kind jetzt erkältet, kann ich morgen schon wieder nicht arbeiten gehen. Ich bekomme dann Ärger mit dem Chef, den Kollegen, mit meinen Kunden und meine Existenzangst wächst", sagt die Mutter. Und diese Angst verleitet die Mutter dazu, viel zu früh und zu hektisch auf ihr Kind einzuwirken.

Ein Kind zu haben, ist immer mit Angst verbunden. Die Kinder schicken uns sozusagen in eine Art „Angstschule". Wenn wir als Eltern versuchen, unsere Ängste mehr zu tolerieren, bekommen wir einen größeren Spielraum. Es ist meiner Beobachtung nach nicht so, dass Kinder mit Mütze weniger erkältet sind als Kinder ohne Mütze. Auf Bauernhöfen lässt sich gut beobachten, wie Kinder noch im Spätherbst barfuß und im T-Shirt durch die Gegend laufen und weit entfernt davon sind, ernsthaft krank zu werden.

Diese Sensibilität für das Kind zu entwickeln und das Vertrauen, dass das Kind schon Zeichen geben wird, ist ein guter Weg, um

> *bei Kindern die Emotionen weniger hochkochen zu lassen. Wenn Kinder merken, dass wir ihnen vertrauen, können sie selbst entspannt bleiben.*

„Also für mich hat das so was Antiautoritäres.", entgegnet eine Mutter. „Und ich mach' mich doch nicht zum Affen!", sagt sie. Sie hat einige Erziehungsmethoden gefunden, die „garantiert klappen", wie sie sagt. Wenn sie beispielsweise auf ihr Kind wartet, fängt sie an zu zählen: „Eeeiiins, zweiiii....!" Stolz erzählt sie, dass Zählen immer klappt und ihr Sohn es nie wagen würde, zu warten, bis die „Drei" kommt. Die Mutter bemerkt aber nicht, dass sie damit regelrecht Wut in ihrem Sohn anzüchtet wie Tomaten in einem Gewächshaus. Natürlich „gehorcht" der Sohn, wenn die Mutter „zählt" – was sollte er auch anderes tun? Doch innerlich lehnt er sich gegen die Mutter auf. Auch, wenn er nach außen hin wirkt wie ein gehorsames Kind, so kann die Mutter doch die „Quittung" erhalten, wenn das Kind älter ist. Wenn die Spannungen bleiben, wird sich das Kind später an den frühen Zwang erinnern und sich möglicherweise für die zu starke Unterdrückung rächen wollen, sobald es nicht mehr so hilflos und angewiesen ist und sobald es mehr Kraft hat.

Es kann vieles viel geschmeidiger vonstatten gehen, wenn wir den Wert des feinen Gespürs füreinander entdecken. „Aber dazu braucht es doch Zeit! Und die habe ich nicht!", höre ich oft als Einwand. Weit gefehlt. Wenn wir uns diese Zeit nehmen, dann „sparen" wir am Ende Zeit, weil wir viel weniger mit unserem Kind kämpfen müssen, weil es nicht mehr so „widerspenstig" ist und wir dadurch weniger erschöpft sind. Wenn wir erkennen, wie wertvoll das Gespür für uns selbst und für unser Kind ist, haben wir viel gewonnen. Alles wird weniger anstrengend und wir haben das Gefühl, wieder mehr Raum zu gewinnen.

> *Das Prinzip ist immer dasselbe, egal wie alt das gefühlsstarke Kind ist: Wenn wir entspannter sind und achtsamer gegenüber uns selbst, dann kann sich auch unser Kind besser entspannen.*

Wenn unser Kind in die Pubertät kommt, dann ähneln die neuen Probleme sehr den Schwierigkeiten, die wir in der Trotzphase mit unserem Kind hatten. Wissenschaftler trösten uns damit, dass die Gehirne der Kinder neu verdrahtet würden und dass man da als Eltern wenig machen könne. Und auch hier geht es wieder darum, die Eltern von möglichen Schuldgefühlen zu entlasten. Doch wenn wir sagen: „Damit haben wir nichts zu tun.", dann fehlt uns auch das Gefühl dafür, dass wir doch vieles positiv beeinflussen können.

In der Pubertät passiert natürlich sehr viel mit dem Gehirn, mit den Hormonen, mit den Geschlechtsorganen, mit der Psyche und den Stimmungen – bei gefühlsstarken Kindern sind die „Symptome" der Pubertät oft besonders stark. Aber Eines ist vielleicht ganz besonders entscheidend: Die Kinder entwickeln ein Urteilsvermögen über uns.

Während die Kleinen auf Gedeih und Verderb auf uns angewiesen sind, dürfen sie nicht zu kritisch mit uns sein, denn das wäre aus ihrer Sicht gefährlich. Die Natur hat es so eingerichtet, dass uns unsere Kinder lieben und dass sie auch unsere Fehler gerne übersehen. Psychologen sagen, dass kleine Kinder es sogar oft vermeiden, aktiv über uns nachzudenken, um unangenehmen Wahrheiten aus dem Weg zu gehen (Schneider-Rosen & Chicchetti, 1991). Je schlechter es einem Kind bei seinen Eltern zu Hause geht, desto mehr guckt das Kind sozusagen innerlich weg und schreibt sich selbst die Schuld für Konflikte zu.

Wenn die Kinder in die Pubertät kommen, fangen sie an, Wahrheiten über uns auszusprechen, die wir am liebsten nicht hören wollen. Vieles von dem, was sie sagen, wehren wir ab. Wir sind jedoch oft deshalb so tief verletzt, weil wir irgendwo spüren, dass sie recht haben. Sie erkennen uns auf einmal haarscharf und sprechen aus, was wir noch nicht einmal zu denken wagten. Sie sprechen Dinge aus, die wir jahrelang vor uns selbst versteckt und immer wieder aufs Neue erfolgreich verdrängt haben.

Natürlich schießen die Teenager mit dem, was sie sagen, oft auch über das Ziel hinaus und sie beleidigen uns willentlich, wenn sie wütend auf uns sind. Aber wenn wir einmal ganz ehrlich zu uns sind, merken wir, dass wir in manchen Situationen so wütend werden, weil wir insgeheim denken: „Unser Kind hat irgendwie sogar recht."

Wir sind so verletzt, dass wir Erwachsenen es uns einfach machen und sagen: „Naja, das Kind ist in der Pubertät. Es ist sowieso schon gefühlsstark und es weiß nicht mehr so genau, wer es ist und was es sagt."

Wir tun nur allzu gerne so, als seien unsere Kinder während der Pubertät in einer Art geistigen Verwirrung oder in einem Krankheitszustand, doch eigentlich wollen wir damit von uns selbst ablenken.

Wir selbst merken auf einmal wie im Märchen: Unsere Tochter wird hübscher, steckt voller Energie und wir selbst werden einfach nur älter.

Unser Sohn wird schlauer und erhält vielleicht von Anfang an eine bessere Bildung als wir. Unser Kind bemerkt plötzlich, wie unförmig und unsportlich wir sind, wie wir selbst keine Ordnung halten können und mit welchen psychischen Problemen wir selbst kämpfen.

Dieses „Erkannt werden" kann als enorm verletzend empfunden werden, insbesondere, wenn das Kind es uns nicht gerade freundlich an den Kopf wirft. Auch hier wieder sind wir innerlich beschäftigt: Wie sollen wir darauf reagieren?

Aber wir fragen uns auch: Wie können wir unseren Neid verarbeiten? Wohin mit unserer Fassungslosigkeit darüber, wie direkt unser Kind uns schwer beleidigt? Wohin mit meiner Wut, mit meinen Tränen? Wir merken auf einmal, wie wir selbst ganz gefühlsstark werden ob all der Erlebnisse, die wir mit unserem pubertierenden Kind zu verarbeiten haben.

Viele Eltern lassen sich auf unfruchtbare Kämpfe mit dem Kind ein, verbieten einmal mehr das Handy und sind am Ende doch keinen Schritt weiter gekommen. Es kommt dabei vor allem auf unsere innere Arbeit und Offenheit an. Unsere spontanen Reaktionen sind oft ehrlich, aber oft ebenso verletzend wie die Angriffe unseres Kindes. Wenn es uns gelingt, eine Weile länger nachzudenken und nicht aus dem Affekt heraus zu reagieren, ist unser Kind manchmal überrascht. Die Ruhe, die wir in dem Augenblick schaffen, dehnt sich sozusagen auch auf unser Kind aus. Es selbst denkt nach. Es selbst spürt möglicherweise, dass es uns gerade verletzt hat. Und weil wir nicht sofort zurückschlagen, bekommt es Raum für sich selbst, seine eigenen Gedanken und Gefühle.

Und dann sind wir manchmal von einem wunderbaren Phänomen überrascht, das wir allzu oft übersehen: von dem Phänomen der „Wiedergutmachung". Unsere Kinder haben nämlich – egal, wie alt sie sind – den Wunsch, Dinge wiedergutzumachen. Sie unterscheiden sich darin nicht von uns Erwachsenen. Natürlich überwiegen manchmal unsere Rachewünsche, unsere innere Kälte und unser Unvermögen, zu vergeben. Doch wenn wir von Beginn an die gute Beziehung zu unserem Kind als das höchste Gut ansehen, dann werden wir die Wiedergutmachung beobachten können.

Manchmal wollen die Kinder aus Angst heraus, dass alles schnell „wieder gut" ist, weil sie noch abhängig sind von den Eltern und spüren, dass die Eltern ihnen „böse" sind. Es gibt aber genauso auch die Wiedergutmachungswünsche aus ehrlicher Reue. Die Kinder besinnen sich, wenn ihre Wut wieder abflaut, es tut ihnen leid und sie zeigen uns, dass ihnen daran liegt, die gute Beziehung zu uns wieder aufzunehmen.

Viele Erwachsene haben diesen Vorgang der Wiedergutmachung noch nie bewusst wahrgenommen. Doch auch hier wieder zählt es, aufmerksam zu sein, Raum zu schaffen, abzuwarten. Dazu ist es wichtig, dass wir uns einen inneren Raum für unser eigenes Leid schaffen, damit wir Kummer und Ärger auch eine Weile in uns halten können, ohne direkt loszuschießen. So können wir verhindern, dass sich Streitereien weiter aufschaukeln. Und auch wir spüren dann den Impuls, Dinge wieder gutzumachen. Wir müssen nicht „Entschuldigung" sagen, wenn uns nicht danach zumute ist. Aber die Kinder erkennen am Klang unserer Stimme oder am Wunsch, ihnen etwas Gutes zu tun, dass wir innerlich wieder auf einer liebevolleren Ebene angekommen sind. Wir können jeden Tag damit beginnen. Wir müssen uns nur genug Zeit geben, damit unser Innenraum wachsen kann.

Auch im nächsten Kapitel soll es um „psychische Räume" gehen. In den psychischen Räumen können sich unsere Gefühle entfalten. Das Thema des „psychischen Raums" ist eng verwandt mit dem Bild des „inneren Kindes". Wir brauchen einen inneren Raum, in dem wir mit uns selbst in Kontakt treten können.

2. So funktioniert gesunde Kommunikation mit Kindern

Der Vagusnerv: Da, wo die Steuerung von Gefühlen wirklich anfängt

Für unsere Gefühle haben wir oft einen ganz besonderen Innenraum im Körper: unseren Magen. Wir können darin „Schmetterlinge" haben oder aber es liegt uns etwas schwer wie ein Stein darin. Es schlägt uns etwas auf den Magen oder wir werden „sauer" auf jemanden und spüren dabei unsere Magensäure. Gefühlsstarke Kinder haben oft einen besonders empfindlichen Magen-Darm-Trakt.

Der Darm und unsere Gefühle stehen in enger Verbindung miteinander. Wenn wir dringend „müssen", dann sind wir völlig abgelenkt – da ist nicht mehr viel mit Achtsamkeit und der Kontrolle unserer Gefühle. Wer an einem Reizdarmsyndrom leidet, der weiß, wie der Druck im Darm uns außer Gefecht setzen kann. Der Druck im Darm wiederum kann die Folge von zu vielen unverdauten Gefühlen sein. Wir sagen ja oft: „Das muss ich erstmal verdauen.", wenn wir eine schwer erträgliche Nachricht erhalten haben.

Unsere Gefühle wollen verdaut werden und gefühlsstarke Kinder haben oft besonders viel zu verdauen, was sich nicht selten in Bauchschmerzen äußert.

Es heißt, dass gefühlsstarke Kinder einen geschwächten Vagusnerv haben – dieser Nerv ist der 10. von 12 Hirnnerven und hängt eng mit unserer Verdauung zusammen. Wenn uns übel ist, dann ist der Vagusnerv überreizt. Das französische Wort „La Vague" heißt „die Welle", was sehr schön widerspiegelt, welche Gefühle des Schwankens der Vagusnerv in uns auslösen kann. Wenn wir etwas „vage" finden, dann sind wir uns einer Sache unsicher.

Der Vagusnerv besteht nach einer Theorie des Wissenschaftlers Stephen Porges aus zwei Anteilen: Einem vorderen, der unser soziales Verhalten in sicheren Situationen mitsteuert und einem hinteren Anteil, der unter anderem mit unserer unwillkürlichen Mimik in Verbindung steht und in lebensbedrohlichen Situationen für eine Art „Erstarrung" sorgt.

Dieser Vagusnerv gehört zum parasympathischen Nervensystem, das nach dem Essen einspringt: Er lässt uns schläfrig und ruhig werden, während der Darm sich zur Verdauung bewegt. Unser Vagusnerv reagiert außerdem auf unseren Kontakt zu unseren Mitmenschen. „Mir wird schon schlecht, wenn ich nur an meinen Kollegen denke.", sagen wir. Wenn es also heißt, gefühlsstarke Kinder hätten einen schwächeren Vagusnerv, dann heißt das nicht nur, dass der Vagusnerv vielleicht bei der Verdauung „schwächelt", sondern, dass er auch übermäßig stark beeinflusst wird von dem, was das Kind in der Außenwelt erlebt und wie mit ihm kommuniziert wird. Wenn wir achtsam mit unserem Darm und dem des Kindes umgehen, dann können wir viel für die Emotionsregulation tun.

An dieser Stelle möchte ich Sie einladen, gedanklich nochmal zurück in die Babyzeit zu gehen, denn hier nimmt die Emotionsregulation ihren Ursprung - und welches Thema in der Babyzeit interessiert mehr als die Verdauung?

Die frühen Bilder haben auch noch bei älteren Kindern und sogar bei uns Erwachsenen ihre Gültigkeit. Wie wir achtsam mit der Verdauung umgehen können, zeigt die „Windelfrei-Bewegung". Sie ist eine Initiative von Eltern, die ihren Kindern keine Windeln anziehen, sondern eng mit ihnen kommunizieren und früh bemerken, wenn die Kinder sich entleeren müssen.

Die Mütter sind in engem körperlichen Kontakt mit dem Kind und werden so sensibel für die vegetativen Zeichen, die ihr Kind gibt, dass sie früh merken, wann sie ihr Kind abhalten müssen. Mütterliches und kindliches Verdauungssystem können sich im engen und aufmerksamen Kontakt einander verstehen, ebenso wie sich Atmung und Blutdruck aneinander angleichen können, wenn ein sicherer Kontakt besteht. Man spricht auch von „vegetativer Abstimmung" oder auch „affektiver Abstimmung", das heißt, Mutter und Kind können sich gegenseitig emotional gut verstehen. „Affekte" sind momentane Gefühle, bei denen der Körper stark beteiligt ist. Wenn Sie sich plötzlich erschrecken, wenn Sie plötzlich beleidigt werden oder wenn Sie von einer guten Nachricht überrascht werden, dann sind der Schreck, der Ärger und die Freude „Affekte". Wenn das aktuelle, akute Gefühl dann übergeht in etwas Beständigeres, spricht man von „Gefühlen". Gefühle brauchen häufig etwas länger als Affekte, um wieder abzuflachen.

Wir beschäftigen uns kaum bewusst mit unserem Bauch und mit dem Thema Ausscheidung, dabei wäre es so wichtig, denn wir wollen auch unangenehme Gefühle wieder „ausscheiden". Erst in jüngster Zeit erkennt die Wissenschaft, dass der Bauch unser „zweites Gehirn" ist. Wir müssen ein schweres Ereignis „verdauen", wir wollen jemanden „bescheißen" oder wir wollen ein Problem „loswerden". Es lohnt sich, sowohl bei uns selbst als auch bei unseren Kindern mit neuen Ideen auf die Verdauung zu schauen.

Wenn ein kleines Kind an der Supermarktkasse schreit, denken wir: „Es ist ihm zu warm, es hat Hunger, es will etwas aus dem Quengelregal haben." Aber wir denken fast nie daran, dass es sich vielleicht entleeren möchte. Wir erleben das Kind in dem Moment als „gefühlsstark", weil sich seine wahren Gefühle dadurch angestaut haben, dass sie nicht verstanden wurden. Wir wissen nicht so recht, warum unser Kind jetzt so dermaßen unzufrieden ist. Wir hetzen die Kleinen damit, dass wir doch nun endlich los müssen, dabei merken wir vielleicht gar nicht, wenn unser Kind noch etwas Zeit braucht, weil es mal „muss".

Eltern der Windelfrei-Bewegung stellen fest, dass der Mensch sich – ebenso wie Tiere – nicht selbst beschmutzen will. Wir sehen die Windel als so selbstverständlich an, dass wir glauben, den Kindern mache es natürlicherweise nichts aus, in die Windel zu machen. Wir haben sie jedoch an etwas Unnatürliches gewöhnt. Dass es untergründig Schwierigkeiten bereitet, sehen wir immer wieder – unter anderem möglicherweise an den Dreimonatskoliken.

Draußen oder in Kaufhäusern verstecken sich kleine Kinder manchmal hinter Büschen oder Regalen, um ganz in Ruhe in die Windel zu machen. Auch die Kleinsten empfinden hier schon so etwas wie Scham und wollen unbeobachtet bleiben. Die meisten Eltern, die ich beobachte, bekommen nicht mit, warum sich ihr Kind hinter dem Regal versteckt – für sie ist es einfach wieder mal nur „weggelaufen" oder „wollte nicht hören". Manchmal mache ich die Eltern dann darauf aufmerksam und empfehle ihnen, kurz zu warten, weil es mir so erscheint, als wolle sich das Kind entleeren. Und sehr oft ist das der Fall. Die Eltern sind dann oft erstaunt, manchmal auch beschämt, dass sie es selbst nicht bemerkt oder bedacht haben.

Wenn wir die Kleinen einmal mit einem neuen Blick beobachten, werden wir erstaunt sein, was es da alles zu entdecken gibt. Wenn wir der Bindung zwischen uns und unserem Kind wieder Raum geben, spüren wir vielleicht auch wieder unsere „vegetative Abstimmung". Das heißt, wir spüren, dass wir uns in unserer Atmung, in unserem Pulsschlag und in unseren Darmbewegungen dem Kind auf natürliche Weise anpassen, wenn wir Ruhe haben und unserem Kind nahe sind.

Mütter, die ihre Kinder windelfrei an sich tragen, spüren „vegetativ", also mit ihrem eigenen autonomen Nervensystem, wenn ihr Kind mal muss. So, wie sich Atmung und Herzschlag in guten Beziehungen aneinander angleichen können, wenn sich zwei Menschen nahe sind, so können Mütter auch wahrnehmen, wenn ihr Kind bereit ist zur Ausscheidung.

Wenn wir diese Bilder abgleichen mit unserer oft hektischen Art, sind wir vielleicht ganz erschrocken. Wir zerren an unseren Kindern, brüllen sie vielleicht an, sie sollen sich beeilen, stülpen ihnen noch hektisch Socken und Schuhe über und haben kein Gespür mehr für sie – so, wie wir das Gespür für unseren eigenen Körper verloren haben, so haben wir auch das Gespür für den Körper unseres Kindes verloren.

Wir kämpfen mit dem Körper unseres Kindes, anstatt uns mit ihm „vegetativ abzustimmen". Und Kampf ist immer anstrengend und von heftigen Emotionen begleitet. Er verstärkt die Widerstände bei Mutter und Kind, lässt das Kind „bockig" werden und erschöpft uns. Das Kind will die Macht über seinen Körper behalten und gleichzeitig wollen wir die Macht über unser Kind behalten – damit es schneller geht, oder weil wir meinen, wir würden sonst unsere Autorität verlieren. Die körperliche Verbindung kann unsere emotionale Verbindung fördern. Ähnlich wie der Magen-Darm-Trakt ein Behälter für unsere Speisen ist, so gibt es auch in unserer Psyche einen „psychischen Raum" für unsere Emotionen und Erlebnisse. Um psychische Räume soll es im nächsten Kapitel gehen.

Gefühle wollen gehalten werden – so reguliere ich mich und mein Kind

Was tun Sie, wenn Sie selbst aufgebracht, gestresst, traurig oder auch hocherfreut sind? Sie versuchen, sich selbst zu beruhigen (ja, auch Freude will verdaut werden!). Sich selbst beruhigen - ist das nicht interessant? Es ist, als bestünden Sie aus zwei Menschen: aus einem „Ich" und einem „Mich"!

Sie kümmern sich um sich selbst, wenn Sie aufgebracht sind – vielleicht gehen Sie zu einer Freundin oder gehen duschen. Vielleicht nehmen Sie ein Buch zur Hand, essen ein Stück Kuchen oder beantworten in Ruhe E-Mails. Sie versuchen, sich selbst zu beruhigen und sprechen mit sich selbst wie eine Mutter mit ihrem Kind. Und wahrscheinlich sprachen Sie gerade zu Beginn Ihres Erwachsenenlebens so mit sich selbst, wie

Ihre Mutter und Ihr Vater mit Ihnen gesprochen haben. Wir sollten uns viel öfter fragen: „Wie spreche ich eigentlich mit mir?" Denn diese inneren Gespräche sind immens wichtig zur Emotionsregulation.

Wenn Sie eine überwiegend anklagende Mutter hatten, werden Sie vielleicht in diese Richtung mit sich selbst sprechen: „Nun stell Dich nicht so an! Anderen geht es auch nicht besser. Das ist kein Grund, hier rumzujammern."

Die Wahrscheinlichkeit ist dann groß, dass Sie auch mit Ihrem Kind so sprechen und dass diese Art des Sprechens erhalten bleibt. Auch Ihr Kind wird dann ähnliche Worte und Stimmlagen zum Selbstgespräch wählen.

Hatten Sie eine überwiegend einfühlsame Mutter, dann hatten Sie es im Leben leichter. Sie werden zu sich selbst vielleicht sagen: „Ach Sweetheart. Jetzt mach' Dir erstmal einen heißen Kakao und dann ruf' Deine beste Freundin an."

Aus Sicht der Psychoanalytiker funktioniert Kommunikation in einem System von „Container und Contained", also von „Behälter und Gehaltenem". Wir können uns dabei einen Korb vorstellen, in den wir unsere Emotionen, Aggressionen und Sorgen, aber auch unsere Freude hineinlegen können. Vielleicht kennen Sie diese kleinen „Sorgenfresserchen" aus Stoff, in die Sie Ihre sorgenvollen Notizen hineinlegen können – sie spiegeln treffend wider, worum es beim „Gefühlehalten" geht.

Unsere ursprünglichen Erfahrungen bleiben bis ins Erwachsenenalter erhalten: So, wie Ihre Mutter Sie als Baby in den Armen hielt, so hält

Ihr Verstand, also Ihr erwachsenes Selbst, Ihr „inneres Kind", wobei das „Innere Kind" für Ihren schwachen, wehrlosen und vielleicht auch unbewussten Anteil steht. Und auch Sie selbst haben Ihre eigene Art, Ihr Kind oder Ihre Kinder zu halten – sowohl körperlich als auch emotional.

Wenn Sie großen Kummer haben, können Sie mit diesem Kummer zu einer Freundin gehen und ihn bei ihr „loswerden". Sie wollen Ihre negativen psychischen Anteile sozusagen ausscheiden. Ihren Kummer legen Sie bildlich gesprochen in die Freundin hinein. Ihre Freundin ist dann der „Behälter" für Ihre Sorgen. Die Freundin hält diese Sorgen in sich, schaut sie sich an, verarbeitet sie und sagt Ihnen dann, was sie davon hält oder sie nimmt Sie einfach in den Arm. Die Freundin hat also innerlich etwas mit Ihren Sorgen gemacht. Sie hat sie sozusagen etwas „verstoffwechselt" und sagt Ihnen dann etwas, das Ihnen hilft.

Wenn Sie Vertrauen zu Ihrer Freundin haben und wenn das, was sie sagt, hilfreich für Sie ist, dann werden Sie sich ihr öffnen und das Gesagte sozusagen in sich hineinlassen. Sie lassen es in sich wirken und stellen dann fest: Das hat mich jetzt beruhigt oder vielleicht auch beunruhigt. Jedenfalls haben die Sätze Ihrer Freundin in Ihnen etwas bewirkt, weil Sie offen für ihre Ansichten waren. Wenn Sie sich getröstet und verstanden fühlen, dann sehen Sie die ganze Welt wieder mit anderen Augen. „Das mich sehr berührt.", mögen Sie sagen. Ihr Blutdruck sinkt und Ihre aufgeschaukelten Gefühle kommen wieder ins Gleichgewicht.

Wenn Sie die Freundin aber für nicht hilfreich halten, kann es sein, dass Sie im Laufe des Gesprächs „zumachen". Sie sind dann wie ein

Behälter, der sich verschließt. Von außen kommt nichts mehr herein, Ihre Freundin spricht gegen die Wand. So, wie eine Muschel sich schließt, um ihre Perle zu schützen, so haben Sie sich gegenüber der Freundin verschlossen. Sie verschränken die Arme, verkneifen den Mund und sagen sich: „Kommunikation beendet!".

Umgekehrt kann es natürlich auch so sein: Ihre Freundin hat nicht wirklich Zeit für Sie, sie ist abgelenkt und sagt dann wie in einem Loriot-Film: „Guck mal, ein Eichhörnchen!" So ein Verhalten macht Sie dann ganz rasend, weil Sie genau spüren, dass Ihre Freundin gerade nicht offen für Sie ist.

Dasselbe passiert tausende Male zwischen Ihnen und Ihrem Kind: Mal sind Sie offen für Ihr Kind, aber das Kind hat „zugemacht", mal signalisiert Ihr Kind Gesprächsbereitschaft, aber Sie bemerken es nicht und andere Male freuen Sie sich darüber, dass Sie ein schönes Gespräch mit Ihrem Kind hatten oder, dass Sie mit Ihrem Kind einige Augenblicke gemütlich kuscheln konnten. Dieser alltägliche Vorgang ist ungeheuer spannend, wenn man ihn genau unter die Lupe nimmt. Solche Vorgänge können in Sekunden ablaufen, etwa, wenn Sie etwas in den Raum werfen und ganz schnell eine Antwort kommt, die Sie überraschenderweise beruhigt oder aber noch mehr stresst.

Sie sind für sich selbst also ein „Behälter" für Ihre eigenen Gefühle, wenn Sie mit sich selbst kommunizieren und Sie sind als Mutter der Gefühlsbehälter für Ihr Kind, wenn Sie mit Ihrem Kind kommunizieren.

„Heute fühle ich mich wieder wie ein Abfalleimer…", hören wir uns dann manchmal sagen. Oder: „Mein Kind und auch alle anderen werfen einfach ihren Müll bei mir ab und ich bleib' dann darauf sitzen. Und wer hört mir zu?" Und tatsächlich: Ihr Kind legt seine Gefühle, seine Sorgen und Freuden in Ihnen ab. „Mama, hör' mal, Mama, guck mal!" So kann es den ganzen Tag gehen – oft so sehr, dass Sie allein schon bei dem Wort „Mama" zusammenzucken.

Wenn wir in diesen Bildern denken, kann uns im Alltag vieles klarer werden, was wir in der Kommunikation mit unserem gefühlsstarken Kind vorher vielleicht übersehen oder überhört haben. Der „Behälter", den Sie Ihrem Kind zur Verfügung stellen, indem Sie sagen: „Ich bin da und höre Dir zu.", ist wie eine Schutzhülle für Ihr Kind.

In manchen problematischen Mutter-Kind-Beziehungen benutzt die Mutter unbemerkt ihr Kind als einen Behälter für ihre Sorgen. Da haben wir dann eine Rollenumkehr. Wenn das Kind zu viele Gefühle von der Mutter „halten" muss, dann ist das ein Grund für das Kind, höchst unruhig zu werden. Hier kann das Kind auf eine negative Art „gefühlsstark" werden, weil es angefüllt ist von den Belastungen der Mutter.

Die Rollenumkehr kann immer mal geschehen, vor allem, wenn die Kinder älter und verständnisvoller werden. Wichtig ist nur, dass wir es bemerken und diesem Vorgang Einhalt gebieten.

Wie so vieles in unserer Psyche hat auch das Bild von der Mutter als „Behälter" ihren Ursprung im Körper. Als Sie schwanger waren, war Ihr Kind in Ihrem Körper wie in einer Höhle. Wenn Sie die Arme um Ihr Kind legen und es trösten, sind Sie wie ein „Körbchen" für das Kind, in das es sich hineinlegen kann.

So können Sie es sich mit fast allen psychischen Vorgängen vorstellen: Wenn es Ihnen gut geht und Ihr Kind steht in der Tür, um Ihnen etwas zu erzählen, dann können Sie es offen annehmen. Sie haben ein „offenes Ohr" für Ihr Kind.

Die Vorstellung von der Schutzhülle haben wir übrigens auch, wenn wir sagen: „Unsere Nerven liegen blank." Wir wissen instinktiv, dass den Nerven dann etwas fehlt. Und tatsächlich sind Nerven von Schutzzellen eingehüllt. Bestimmte Krankheiten wie z.B. Multiple Sklerose greifen diese Schutzhülle der Nerven an. Auch im Bild vom „hypersensiblen Kind" denken wir an ein Kind, das nicht genügend „Schutzhülle" um seine Nerven und schließlich um sich selbst herum hat. Natürlich kommen Kinder schon mehr oder weniger sensibel zur Welt, aber wir können durch unser tägliches Leben zusätzlich bewirken, dass die Kinder empfindlicher oder weniger empfindlich werden.

Wenn wir als Eltern stark belastet sind, dann entwickelt unser Kind feine Antennen – es wird sensibel für uns, es wird sich nach uns ausrichten und insgesamt empfindsamer reagieren. Oft sind es auch verborgene Zusammenhänge, die ein Kind sensibler werden lassen, z.B. unausgesprochene schwere Probleme in der Großeltern-Generation oder Spannungen zwischen Mutter und Vater. Auch wenn Geschwister erkrankt sind oder es vielleicht Fehlgeburten oder verstorbene Geschwister in der Familie gab, kann ein Kind auf diese Familienprobleme mit höherer Empfindsamkeit reagieren.

Letzten Endes geht es beim Umgang mit Gefühlen immer um die Beziehung. Wichtige Fragen könnten sein: Finde ich selbst als Mutter ausreichend Schutz in meinen Beziehungen? Habe ich selbst genügend

Platz in meinem inneren „Behälter", um die Gefühle meines Kindes aufzunehmen?

Die Kommunikationsweise, die Sie mit Ihrem Kind haben, übernimmt das Kind über die Jahre in sich selbst. Wenn es Kummer hat, dann ruft es innerlich nach Ihnen, auch, wenn Sie nicht da sind. Es stellt sich vor, wie es auf Ihren Schoß krabbelt und sich an Sie kuschelt und Ihnen etwas erzählt, wenn Sie nicht da sind. So wird das Kind im Laufe der Zeit für sich selbst zum Behälter. Es hat das Gefühl, da ist innerlich eine Struktur, die es hält, die zuhört und Rat weiß. Ein Kind lernt mit der Zeit, sich selbst zu bemuttern. Hat es viel gutes „Containment" erfahren, also konnte das Kind sich immer wieder an Sie wenden, dann ergibt sich bei ihm auch körperlich das Gefühl einer Schutzhülle. Auch in der Psychoanalyse sagt der Patient manchmal: „Es kommt mir vor, als hätte sich ein schützender Mantel um mich gelegt oder eine seidige zweite Haut." Wird Ihr Kind gut von Ihnen gehalten, hat es das Gefühl, gut gegen die Außenwelt geschützt zu sein; es ist abgegrenzt mithilfe einer Hülle, die es schützt und beruhigt.

Dieser Effekt wird durch den Vater verstärkt. Fehlt er, oder ist er ein sehr belasteter Vater, kann sich sein Fehlen auch beim Kind bemerkbar machen: Es fühlt sich dann schutzloser. Wir alle kennen wahrscheinlich das Bild von Menschen, die wie einen unsichtbaren, schützenden Mantel um sich herum tragen – man sieht, dass diese Menschen ausreichend geliebt wurden und in sich selbst ruhen.

Das ist natürlich der Idealfall, der Himmel auf Erden, der so perfekt nie vorkommt. Denn wie sieht es im Alltag aus? „Gleich, mein Kind, ich kann grad' nicht. Ich muss noch eben diese Mail zu Ende schreiben.", sagen wir, wenn unser Kind gerade platzt vor neuem Erleben, das es uns unbedingt JETZT mitteilen will.

Wenn wir schwere Sorgen haben oder wenn wir uns vom Kind gestresst fühlen, dann machen wir innerlich zu. Das Kind stößt nun auf „taube Ohren". „Meine Mutter ist wie eine Wand.", denkt das Kind. Es prallt ab und fällt zurück auf sich selbst. Aber auch diese Erfahrungen sind wichtig. Die Realität ist oft härter, als wir vertragen können. In solchen Momenten des „Abprallens" entsteht ein Gefühl von „Kälte". Es ist ein Anreiz für das Kind, nach eigenen Regulationsmöglichkeiten zu suchen. Doch wenn es zu häufig vorkommt, dass die Mutter „zu" ist, dann wird das Kind so oft auf sich zurückgeworfen, dass es damit überfordert ist und erneut unruhig wird.

Noch einmal kommen wir damit zum Thema Schuldgefühl: Vielleicht fühlen Sie sich jetzt wieder schuldig und fragen sich, ob Sie zu oft „zumachen" und Ihr Kind deswegen oft nicht weiß, wohin mit seinen Gefühlen. Da kommt vielleicht Angst auf, aber vielleicht auch Ärger auf den Anspruch, immer perfekt funktionieren zu sollen. Wie wir schon gesehen haben, spielt das Leben sein eigenes Lied. Auch Sie sind ein Mensch mit begrenzten Kräften. Das heißt, Sie als Gefühlsbehälter gehen manchmal zu, obwohl Sie das eigentlich gar nicht wollen. Und auch Sie selbst stoßen bei Ihrem Partner oder Ex-Partner bestimmt das ein- oder andere Mal auf taube Ohren. Auch Sie selbst fühlen sich vielleicht wie aus dem Nest gefallen, weil Sie Geldsorgen haben, weil an Urlaub nicht zu denken ist, weil alle anderen nur mit sich beschäftigt sind oder weil das Thema „Beruf" Sie quält.

Und vielleicht ist Ihr Container wider Willen auch manchmal

verschlossen, weil Sie selbst Eltern hatten, die nicht gerade liebevoll mit Ihnen umgegangen sind. Vielleicht haben Sie selbst Gewalt erfahren, viele Strafen, viel Desinteresse und Schweigen oder Ähnliches. Vielleicht aber hatten Sie auch eine „zu liebe" Mutter, eine furchtbar überfürsorgliche Mutter, sodass Ihnen schon als Kind nichts anderes übrig blieb, als immer wieder „zuzumachen". Und so haben Sie selbst vielleicht das Gefühl, nicht mit sich in Kontakt zu sein, obwohl Sie es gerne sein würden. Hier kann alles helfen, von dem Sie wissen, dass es Sie wieder „weich" macht: Meditation, Schwimmen, Ausruhen, ein Kaffeeklatsch oder schöne Musik zum Beispiel.

Natürlich kann es auch sein, dass Ihr Kind „zumacht". Sie möchten vielleicht mit Ihrem Kind etwas teilen, aber es ist „bockig", hört Ihnen nicht zu und macht, was es will. Dann passiert das, was immer passiert, wenn man auf einen verschlossenen Container stößt: Sie werden wütend und selbst unruhig und verzweifelt. „Wie lässt sich die Tür zum anderen wieder öffnen?", mögen Sie sich fragen.

Der Weg dahin, wieder offen zu sein, führt immer wieder über die Bewegung und Entspannung, häufig auch über gute Düfte, über schöne Klänge oder Berührungen. Es ist wie mit der Sexualität: Wenn beide Partner vom Alltag gestresst sind, ist da nicht viel mit Liebe, Lust und Zärtlichkeit. Doch sobald einige Tage Urlaub angebrochen sind, spüren Sie vielleicht wieder, wie Sie Lust auf Ihren Partner bekommen. Für Liebe muss Platz und Zeit sein. Liebe entsteht meistens nicht im angespannten, sondern im entspannten Zustand. Daher ist es gut, zu schauen, wie Sie im Alltag zu mehr und mehr Entspannung finden können. Überprüfen Sie dabei Ihren eigenen Alltagsaktionismus und fragen Sie sich, wo Sie die Dinge auch einfach mal sein lassen können.

„Respekt, Frollein!" Über die Angst, die Autorität zu verlieren

„Pass auf, sonst tanzt Dir Dein Sohn nur noch auf der Nase herum!". Kennen Sie diesen Satz? Vielleicht haben Sie ihn schon einmal von einer Freundin gehört, die Sie davor warnen möchte, Ihre Autorität zu verlieren. Oder vielleicht hatten Sie selbst Eltern, die so oder ähnlich mit Ihnen sprachen: „Frollein! Pass' bloß auf! Das kannst du bei anderen machen, aber nicht mit mir!"

Viele Eltern sind oft sehr damit beschäftigt, ihre „Autorität" nicht zu verlieren. Gerade bei einem gefühlsstarken Kind, können sie sich bei dem Hin und Her leicht wie ein „Hampelmann" fühlen. Die Eltern befürchten, dass ihr Kind sie nicht mehr respektiert, wenn sie zu nachgiebig, verwöhnend oder freundlich sind. Dann passiert es leicht, dass sie zu ihren Kindern ziemlich barsch sprechen: „Freundchen!", heißt es dann. Sie machen ihrem Kind gegenüber eine Drohgebärde und glauben dann, dass das Kind sie dadurch respektiert. Aber je nachdem, wie alt das Kind ist, hat es in dem Moment einfach nur Angst vor einer Mutter oder einem Vater, die/der so mit ihm spricht.

Das Kind hat Angst, es fürchtet unangenehme Konsequenzen, aber es ist heimlich auch wütend, dass die Mutter oder der Vater so respektlos mit ihm sprechen. Wenn das Kind sich unterwürfig zeigt, sind manche Eltern zunächst beruhigt und haben das Gefühl, sie hätten sich den Respekt des Kindes zurückerobert. Doch das, was das Kind fühlt, hat wenig mit Respekt zu tun. Angst und Wut mischen sich zu einem unguten Gebräu und wenn das Kind älter wird, dann gibt es den Eltern

Liebst du mich auch wenn ich wütend bin? | 87

dieses Wutgemisch unter Umständen zurück, z.B. indem es sich in der Pubertät für die Unterdrückung rächt.

Hören Sie sich beim Sprechen genau zu und fragen Sie sich, wie Ihre Sätze in Ihren eigenen Ohren klingen. Fragen Sie sich, wo Sie diese Sätze schon einmal gehört haben und versuchen Sie, sich zu erinnern, wie Sie sich selbst als Kind gefühlt haben vor Erwachsenen, die darum bemüht waren, ihren „Respekt" zurückzuerlangen.

Rufen Sie sich ins Bewusstsein, vor welchen Menschen Sie selbst tiefen Respekt haben. Was genau macht diese Menschen aus?

Um Respekt zu erlangen, braucht es ein eigenes gutes Selbstwertgefühl. Sie haben Ihren eigenen „Wert", unabhängig davon, wie ein anderer Sie behandelt. Wichtig ist vor allen Dingen, wie Sie sich selbst behandeln, denn das wirkt auch nach außen und regt andere Menschen dazu an, Sie ebenso zu behandeln, wie Sie mit sich selbst umgehen.

Respekt erlangt man nur *teilweise* dadurch, dass man viel kann und weiß und hat. Respekt entsteht besonders dann, wenn sich jemand selbst sehr gut kennt und mit sich selbst und anderen warmherzig umgeht. Wenn er zu seinen Zweifeln und Selbstzweifeln steht, wenn er sich selbst gut einschätzen kann, wenn er sich selbst infrage stellen kann und so ehrlich wie möglich sagt, wie er sich fühlt und was er denkt.

Wir alle haben unsere Selbstzweifel. Und je größer die innere Unsicherheit ist, desto mehr neigen wir dazu, Halt in unserer Außenwelt zu suchen. Wir wollen als kompetent eingestuft werden, möglichst auch als Eltern. Wenn es uns selbst sehr schlecht geht, dann neigen wir dazu, mehr Aufmerksamkeit, mehr Anerkennung und Wertschätzung von außen einzufordern, doch das ist oft schwierig.

Wenn wir uns wieder auf uns selbst zurückbesinnen und versuchen, uns selbst kennenzulernen, dann spüren die anderen: „Oh, der hat einen guten Kontakt zu sich selbst."

Respekt erlangen wir von unseren Kindern, wenn wir unsere eigenen Grenzen und Möglichkeiten kennen und wir achtsam mit ihnen umgehen. Es gibt den schönen Spruch: „Entweder, Du stellst 1000 Regeln auf, oder Du wirst Dir bewusst, dass der andere ganz ähnlich fühlt wie Du." Wenn wir uns dessen bewusst sind, dann braucht es nur noch sehr wenige Regeln, denn der Umgang miteinander erklärt sich von selbst.

Und so ist es auch mit unseren Kindern: Sie respektieren uns nicht, wenn wir sie laut anbrüllen, ihnen Hausarrest geben oder ihnen das Smartphone wegnehmen. Sie schauen uns dann höchstens ängstlich an, sie ducken sich und ordnen sich unter, weil ihnen im jungen Alter nichts anderes übrig bleibt. Aber wenn sie älter werden, kommt vieles zurück – im Guten wie im Schlechten.

Es heißt, dass man Kinder nur bis zum Beginn der Pubertät erziehen kann. Danach sei es zu spät und wir ernten das, was wir gesät haben. Doch es ist nie zu spät für einen Neubeginn. Bei jedem neuen Atemzug können wir von vorne beginnen, seien die Schritte auch noch so klein. Wenn wir den Kindern signalisieren, dass wir „da" sind, ist das sehr,

sehr viel. Sie brauchen uns in erster Linie auch nicht als „Respektsperson", sondern als zuverlässige Eltern, die mit ihnen sprechen und über sie nachdenken.

Immer wieder kämpfen Eltern mit den furchtbaren psychischen Verletzungen, die Kinder einem in der Pubertät antun können. Sie kämpfen darum, von ihren Kindern Respekt zu erlangen und gelangen dabei nur in einen weiteren Teufelskreis aus gegenseitigem Geschrei, Türenknallen, Schweigen und Schmollen. Das ist wirklich enorm anstrengend.

Wenn wir aufhören, zu kämpfen und einfach mal schauen und fühlen, was denn da überhaupt ist, wenn wir neugierig nachfragen, zuhören und uns ernsthaft interessieren, dann geht es uns oft sehr viel besser – auch wenn das, was wir beim Hinfühlen entdecken, sich einfach nur grausig anfühlt.

Es ist umso schwieriger, Gelassenheit zu erlangen, wenn man selbst auf eine schlechte Kindheit zurückblickt und wenn man selbst in der Außenwelt gerade wenig Unterstützung erfährt. Es kann immer wieder hilfreich sein, sich gute Menschen zum Sprechen und auch Vorbilder zu suchen. Allein, wenn wir den Kampf um Respekt infrage stellen und ihn aufgeben, haben wir schon viel gewonnen auf unserem Weg zu einem weniger anstrengenden Leben mit einem gefühlsstarken Kind.

Über den Umgang mit Wut und Hass

Über wessen Wut sprechen wir in diesem Kapitel – über die Wut des Kindes oder Ihre Wut als Eltern, wenn Ihr Kind außer Rand und Band ist? Das ist oft gar nicht so leicht auseinanderzuhalten, denn Wut und Hass sind unschöne und höchst unangenehme Gefühle, die wir allzu leicht loswerden wollen. Und bei diesem Loswerden-Wollen kommt es zu einem seelischen Vorgang, der sich „Projektion" nennt. Das heißt, wir sehen im anderen etwas, das eigentlich zu uns selbst gehört. „Ich schrei' doch gar nicht rum!! DU schreist doch die ganze Zeit!" Dies ist ein typischer Satz, der die Projektion zeigt. Nur Außenstehende können in dem Moment die Situation richtig beurteilen und schmunzeln.

Bei Eltern und gefühlsstarken Kindern kommt es sehr häufig zu Verstrickungen, denn nichts ist schwieriger als der Umgang mit Gefühlen: Beide haken sozusagen ineinander ein und man weiß oft gar nicht mehr, von wem die Wut nun ausging. Ein Kind kann nörgelig sein, und uns damit die Laune verderben. Wir werden selbst schlecht gelaunt, obwohl wir es vorher nicht waren. Dann gehen wir nicht selten einen Kampf mit dem Kind ein, ohne richtig zu bemerken, wie wir da hineinrutschen.

Beobachter von außen können es leichter sagen: „Schau da mal hin, das kleine Kind da wird sicher gleich weinen bei der Art, wie die Mutter gerade mit ihm umgeht." Und tatsächlich können wir dann sehen, wie sich das anfängliche „Knötern" steigert und schließlich zum Weinen und Schreien wird. Häufig haben die Eltern kaum genügend innerlichen Abstand, um diesen Vorgang von innen heraus zu beobachten und rechtzeitig zu stoppen.

Wie genau kann sich dieser Vorgang der Unzufriedenheit in Wut steigern bzw. verstärken?

Das passiert, weil meistens noch ein anderer Affekt dabei ist, nämlich die Angst. Angst und Wut gehören zu unseren Grundaffekten und sie spielen sowohl bei Kindern als auch bei späteren psychischen Störungen die Hauptrolle. Wenn wir als Eltern Angst haben („Das Kind rennt bestimmt aus dem Geschäft, wenn ich es jetzt loslasse."), dann neigen wir dazu, übertrieben und verärgert Grenzen zu setzen („Du bleibst jetzt hier im Kinderwagen sitzen!"). Je genauer wir in uns hineinspüren, desto genauer können wir diese Vorgänge feststellen. Was oft hilft, ist es, uns selbst und unsere Annahmen mit etwas Abstand zu betrachten. Ist es wirklich so, dass unser Kind direkt aus dem Geschäft rennt, wenn wir es loslassen? Ist es so, dass unser Kind heute nicht mehr lernen wird, wenn wir es mit Handy und iPad alleine lassen? „Ja!", werden Sie vielleicht sagen. „Schon tausend Mal probiert, aber ich kann Ihnen sagen: Mein Kind wird rausrennen/es wird nicht die Hausaufgaben machen. Ich kenne es inzwischen gut genug."

Wenn wir eine Kraft oder Widerstand ausüben, dann kommt es zur Gegenkraft. Wenn wir ein Kind festhalten wollen, dann wird es wahrscheinlich losrennen, wenn wir endlich die Gurte öffnen.

> *Unser Kind reagiert meistens genau dann sehr heftig und ausufernd, wenn es zuvor zu sehr eingeengt wurde.*

Kinder, die zu Hause nichts Süßes essen dürfen, sind auf Kindergeburtstagen häufig völlig haltlos. Ich selbst hatte öfter mal ein Kind zu Besuch, das zu Hause keine Süßigkeiten essen durfte. Regelmäßig stellte ich abends fest, dass meine Lieblingsschokolade aus dem Kühlschrank verschwunden und die Keksdose leer war. Auch die wertvollen Cashewkerne waren komplett verspeist. Ich gewöhnte mir schließlich an, die guten Dinge wegzuschließen, bevor das Kind kam.

Auch ich reagierte also extrem: Ich hätte ja auch mit dem Kind sprechen oder ihm eine Extra-Portion hinstellen können. Doch ich traute ihm nicht. Es war wie eine Kettenreaktion. Das unerbittliche Verbot von Süßigkeiten zu Hause, die Riesenlust des Kindes auf Süßigkeiten und mein harsches „Wegschließen" der Süßigkeiten hingen eng miteinander zusammen.

Wenn Sie im Umgang mit Ihrem Kind etwas ändern wollen, ist es wichtig, bei sich selbst anzufangen, indem Sie sich einfach nur beobachten.

Es wird wahrscheinlich nicht so sein, dass Ihr Kind plötzlich ganz anders wird, wenn Sie auf einmal die Zügel lockerlassen oder sich zu Vertrauen „zwingen". Es wird ein langsamer Prozess sein, der mit innerer Arbeit anfängt.

Schauen Sie, wo Sie selbst Ängste haben und untersuchen Sie diese innerlich. Befürchten Sie, die anderen könnten schauen oder schlecht über Sie denken? Halten Sie sich selbst für eine schlechte Mutter, der alles entgleitet? Haben Sie Angst, dass Ihr Kind Sie später für immer verlässt, dass es auf die schiefe Bahn gerät, dass es psychisch krank wird oder die Schule schmeißt? Alle Vorstellungen, die wir so haben, kommen von irgendwoher. Wenn wir herausfinden, wo sie ihren Ursprung haben und mit welchen Gefühlen und Körperäußerungen sie verbunden sind, dann können wir wie ein Detektiv so manches Rätsel lösen. Die Wut von Kind und Mutter kann nachlassen, wenn die Mutter z.B. eine Gesprächspartnerin findet, mit der sie ihre Sorgen und Befürchtungen teilen kann.

„Ja, aber was mache ich denn, wenn ich gerade rasend bin oder wenn mein Kind schon wieder austickt?" Wenn wir wütend sind, dann sind wir meistens wie erstarrt. Die Kunst ist es, innerlich beweglich zu bleiben und weiter nachdenken zu können. Es kann z.B. helfen, sich aus dem Zimmer zu bewegen, also ganz simpel den Raum zu wechseln. In heftigen Situationen hilft es auch, vor die Tür an die frische Luft zu gehen oder sich unter die heiße Dusche zu flüchten. Was jedoch die Wut des Kindes noch anfachen kann, ist, wenn Sie die Türe ganz verschließen. Das Kind braucht noch die Möglichkeit, mit Ihnen Kontakt zu halten. Wenn Sie sich also zurückziehen, lassen Sie noch ein Türchen zu sich offen, halten Sie noch ein Verbindungsfädchen.

Vor einigen Jahren noch war es modern, ein wütendes Kind in die „Auszeit" zu schicken, es „auf die Treppe" zu setzen, damit es sich wieder „beruhigt". Viele Eltern sagen, dass sie damit gut zurechtkommen. Aber wir können nicht sicher sein, wie es dem Kind damit geht. Wut wird manchmal gezüchtet wie eine Pflanze in einem Gewächshaus und wir wissen nicht, was sich daraus im stillen Kämmerlein entwickelt.

> *Es ist immer ratsam, zu fragen, wie man sich selbst mit der jeweiligen Maßnahme fühlen würde. Wie ginge es uns selbst, wenn wir zum „Beruhigen" auf die Treppe geschickt würden?*

Sich zu bewegen, den Raum zu wechseln, an die frische Luft zu gehen, kann akut helfen. Es kann auch hilfreich sein, die Fäuste bewusst zu ballen und wieder loszulassen. Sie können auch bewusst wahrnehmen, wie die Wut durch Ihren Körper läuft und wie schwer es Ihnen fällt „an sich zu halten".

Verdeutlichen Sie sich, dass ein einfaches „Abreagieren" der Wut fast nie hilfreich ist. Wenn wir einfach losschreien, „uns Luft machen" oder wenn uns „die Hand ausrutscht", dann haben wir meistens hinterher nur ein schlechtes Gewissen. Wut lässt sich nur abbauen, indem etwas Sinnvolles mit ihr geschieht.

Wut geht zurück, wenn sie verstanden wird.

Manchmal hilft uns auch ganz simpel Literatur – wir lesen oder hören einen Satz, der gerade genau unsere Situation oder unseren Zustand widerspiegelt. Wir fühlen uns dann plötzlich verstanden und nicht mehr allein. Im Idealfall können wir mit unserem Kind sprechen und herausfinden, was der Grund für seine Wut ist. Wenn wir es schaffen, ruhig zu bleiben und dem Kind wirklich zuzuhören, dann ist der Weg zur Beruhigung von Mutter und Kind gebahnt.

Auf längere Sicht kann es äußerst hilfreich sein, täglich zu meditieren, Yoga, Chi Gong oder Ähnliches zu erlernen. Es ist ein langer Weg, bis man es in den Alltag mit Kindern einbauen kann, aber in winzigen Schritten ist es mit viel Geduld möglich, sich eine Möglichkeit zum Üben aufzubauen und die Übungen so oft wie möglich durchzuführen.

Yoga hat tiefgreifende Effekte – beispielsweise kann es die „Stressachse" in unserem Körper herunterregulieren. Die „Stressachse" wird auch „HPA-Achse" genannt – eine Verbindung verschiedener Nervenstraßen zwischen Gehirn und Nebennierenrinde, die bei Menschen mit psychischen Störungen sehr hoch reguliert ist; das Nervensystem springt bei diesen Menschen also viel rascher an als bei psychisch weniger belasteten Menschen. Mit Yoga lässt sich dieses „Stresssystem" herunterregulieren (Ross, 2010), sodass Sie selbst ruhiger bleiben können, was direkte Auswirkungen auf Ihr Kind hat.

Der Umgang mit Wut und Hass ist immer schwierig. Hass ist noch viel „eingebrannter" als Wut. Manchmal kann man seine Wut an niemanden mehr richten, weil sie ihren Ursprung vielleicht schon in der eigenen Kindheit hatte und die, die einen verletzt haben, nicht ansprechbar sind oder vielleicht schon gar nicht mehr leben. Ungerichtete Wut ist sehr unangenehm und manchmal neigen wir dazu, dann auf unser Kind wütend zu sein. Doch wir selbst können die Wut auch als Energiequelle nutzen, z.B. um Dinge zu verändern, die wir schon lange verändern wollten oder um kreativ zu werden und etwas zu erschaffen.

Wenn Ihr Kind beobachtet, wie Sie selbst mit Ihrer Wut umgehen, dann wird es sich diesen Umgang zum Vorbild nehmen.

Ein wütendes Kind kann man am besten durch eigene Ruhe und Verstehen erreichen. Häufig senden wütende Kinder Doppelbotschaften nach dem Motto: „Wasch' mich, aber mach mich nicht nass!" Entsprechend reagieren die Eltern oft konfrontativ: „Aber eben wolltest Du doch noch dieses und jenes und jetzt willst Du plötzlich das!" Antworten wie diese machen das Kind meistens nur noch wütender. Ein Kind, das wütend ist, kann gerade nichts „einsehen".

Auf die Doppelbotschaften des Kindes können wir selbst in gutem Sinne mit etwas Doppeltem reagieren: Wir können z.B. die Arme öffnen und dem Kind signalisieren: „Schau her, ich bin da und du kannst kommen, wenn du magst" und gleichzeitig können wir dabei etwas zurückgehen und uns mit den offenen Armen in etwas größerer Entfernung vom Kind hinsetzen. So hat das Kind beides: Einen eigenen Raum UND die Möglichkeit, Kontakt aufzunehmen.

Bleiben Sie flexibel. Auch ein „Wir machen das jetzt so und dann ist Ruhe!" kann ein Kind in den Wahnsinn treiben. Hinterher stellt sich manchmal heraus, dass es wirklich zur Ruhe kam, wenn eine Entscheidung auf einmal feststand. Doch wenn Sie in dem Moment der Wut flexibel bleiben, dann hat das Kind nicht mehr das Gefühl, vor einer Wand zu stehen. Sie können ruhig sagen: „Ich denke, es ist das Beste, wenn wir es jetzt so machen. Du und ich, wir beide sind damit wahrscheinlich bald zufrieden, auch wenn es sich jetzt nicht so für dich anfühlt." Und vielleicht können Sie danach noch denken oder sagen: „Aber wenn du denkst, du stirbst (bildlich gesprochen), dann können wir ein Fensterchen auflassen und nochmal nachdenken über die Entscheidung." Sie müssen und können das wahrscheinlich nicht so ausformulieren. Aber Sie können Sätze wie diese als innere Haltung in sich übernehmen.

Das Kind rastet aus, wenn es das Gefühl hat, dass Sie unnahbar sind, dass Sie „fest wie eine Mauer" sind.

Vielleicht möchten Sie ein „Fels in der Brandung" sein, aber das ist meistens ein Bild, das auf Dauer entsteht und nicht in dem Moment, in dem Sie sagen: „Schluss jetzt!". Das Bild vom Fels in der Brandung entsteht eher durch Ihr beständiges Dasein und auch durch Ihr „Nicht-so-sehr-beeindruckt-sein". Das heißt, Sie können sich schon durch die Wut des Kindes betroffen zeigen, aber versuchen Sie, sich nicht so sehr beeindrucken zu lassen in dem Sinne, dass Sie dem Kind zeigen: „Ich sehe, wie sehr du leidest, aber wir werden beide einen Weg hinausfinden." Während der Hassattacken – der eigenen oder denen des Kindes – fähig zum Denken zu bleiben, ist eine hohe Kunst, die oft erst eingeübt werden muss.

Was zählt, ist also das „In-Verbindung-Bleiben" und der Versuch, das Kind zu verstehen. Selbst, wenn Sie es nicht verstehen können, so hilft es ihm doch zu bemerken, dass Sie bemüht darum sind, es zu verstehen. Jede gute Psychoanalyse baut darauf auf: Man kann den Patienten sehr oft nicht ganz verstehen, es wird immer Enttäuschung und Missverständnisse geben. Aber was den Patienten so dankbar macht, ist, dass da jemand verlässlich da ist und seine ganze Kraft gibt, um zu versuchen, zu verstehen. Das pure „Nachdenken" über den anderen kann eine große Wirkung haben: In psychiatrischen Kliniken stellen Therapeuten oft fest, wie sehr sich ein Patient verändert, nachdem man in einer Supervisionsgruppe über ihn gesprochen hat. Allein die veränderte innere Haltung des Therapeuten-Teams sorgt dafür, dass sich ein Patient verändert und in der Folge weniger aggressiv gegen sich und andere ist.

Wenn Sie es schaffen, die negativen Affekte wie Wut und Hass nicht als etwas zu betrachten, vor dem man weglaufen muss, haben Sie eine sehr wertvolle Grundlage für den Umgang damit geschaffen. Sie können es aushalten und Sie können das Unangenehme akzeptieren. Vielleicht bedarf es dazu vieler kleiner Schritte und viel Übung, aber es lohnt sich immer, sich mit dem „Schlechten und Bösen" auseinanderzusetzen.

„Aber eben hast du doch noch gesagt ..." – Plötzliche Stimmungswechsel verstehen

Für uns selbst ist es oft schwer genug zu verstehen, warum wir noch in diesem Moment das eine meinen und im nächsten Moment das andere. Meistens wird es den Frauen, sprich den Müttern, nachgesagt, dass sie rasch ihr Befinden und ihre Meinung ändern. Ob diese Schwankungen bei Männern tatsächlich weniger ausgeprägt sind als bei Frauen, sei dahingestellt.

Sehr oft jedoch verzweifeln wir darüber, dass unser Kind in einer Sekunde noch fröhlich ist und in der nächsten wütend. Jetzt will es noch Schoko-Eis und gleich Vanille. Die ganze Zeit will es Chemie-Leistungskurs wählen und kreuzt in letzter Sekunde „Biologie" an.

Oft kommt es uns so vor, als wechselten die Kinder enorm schnell zwischen verschiedenen Zuständen. Gerade in der Babyzeit erleben wir es oft so, dass unsere Kinder aus völliger Zufriedenheit heraus plötzlich völlig unzufrieden sind. Doch wenn wir unsere Kinder genau beobachten, dann hat sich der Wechsel meistens doch schon angekündigt.

Das Baby wird erst knöterig, fängt dann langsam an zu weinen und unruhig zu werden und endet schließlich im starken Schreien, wenn es Hunger hat. Das lässt sich genau beobachten, doch nicht immer haben wir die Zeit und die Nerven dazu.

Wenn wir von uns selbst ausgehen und ehrlich in uns hineinhorchen, können wir sehr ähnliche Stimmungsschwankungen feststellen – wir gehen inzwischen nur anders damit um. Je erwachsener wir wurden, desto mehr haben wir gelernt, nicht mehr jedem Impuls zu folgen.

Bei Jugendlichen oder jungen Erwachsenen mit psychischen Störungen wie z.B. der Borderline-Störung, sind ebenfalls rasche Stimmungsschwankungen zu beobachten. Erklärungen gibt es dafür viele – beispielsweise spielen bei Mädchen und Frauen die hormonellen Schwankungen im Laufe eines Menstruationszyklus eine wichtige Rolle. Andererseits kennen Frauen ebenso starke Schwankungen auch ohne dass sie in Kürze ihre Regel bekommen.

Das Wetter, der Hunger, Müdigkeit, Bewegungsarmut, zu wenig frische Luft – alles Mögliche kann zu Stimmungsschwankungen führen. Einen großen Einfluss auf Kinder hat jedoch auch die Beziehung zu Mutter und Vater. Kinder sind lange abhängig von ihren Eltern und sie schauen ganz genau, wie die Stimmungslage zwischen Mutter und Vater und zwischen ihnen und ihren Eltern ist.

Nicht selten richten sich Kinder mit ihren Wünschen mehr oder weniger bewusst nach uns Eltern, weil sie uns gefallen wollen.

Manchmal tun sie das, wovon sie glauben, dass der Vater damit einverstanden wäre. Wenn auf einmal die Mutter in den Blick rückt, die vielleicht etwas ganz anderes will, kann das Kind rasch seine Meinung ändern. Diesen Kampf führten wir selbst als wir klein waren und irgendwann haben wir ihn in unser Innerstes aufgenommen. Wir wollen es unseren sogenannten „inneren Objekten" (= innerer Vater, innere Mutter etc.) recht machen. Und da können sich teilweise große innere Konflikte entfalten.

Solche Prozesse spielen sich oft unbewusst ab. Wir ergreifen vielleicht einen bestimmten Beruf, werden eines Tages innerlich wach und denken: „Wo bin ich hier bloß gelandet? Eigentlich wollte ich diesen Beruf nie ausüben. Ich habe es gemacht, weil meine Mutter es so wollte."

Wenn uns diese Erkenntnis plötzlich in den Sinn kommt, kann auf einmal alles anders sein. „Ich habe von heute auf morgen meine Sachen hingeschmissen und angefangen zu studieren.", sagt eine junge Frau, nachdem sie sich mit ihren damaligen Beweggründen für die Berufswahl auseinandergesetzt hat.

Wenn wir Kinder – oft unbewusst – zu sehr mit dem belagern, was wir von ihnen wollen, können die Kinder ein sogenanntes „falsches Selbst" entwickeln. Sie handeln nach dem, wovon sie denken, dass wir als Eltern es wollen.

Wann immer sich Kinder zu sehr an uns angepasst haben, kann es sein, dass sie rasch zwischen diesem „falschen Selbst" (also sozusagen unseren Wünschen als Eltern) und ihrem „wahren Selbst" (also ihren Wünschen) kippen. Auch Extreme in der Erziehung und damit einhergehend ein „unsicher-ambivalenter Bindungsstil" können zu ihrem Schwanken beitragen, z.B. wenn wir immer sanftmütig zu unseren Kindern sind, sie dann in der Wut aber plötzlich anschreien. Das passiert oft in Situationen, in denen wir selbst gerade überfordert sind.

Wenn wir unsere Kinder sensibel begleiten, dann können wir schon vorher sehen, was sich da ankündigt. Wenn wir früh genug merken, wann sie Hunger haben, werden wir nicht von ihrer übelsten Laune überfallen. Wenn wir sie früh genug darauf vorbereiten, dass wir gleich gehen müssen, dann werden sie nicht wie aus dem Schlaf geweckt ihr Spiel verlassen müssen, sondern können sich langsam auf den Abschied einstellen.

Alles, was uns selbst gut tut und was bei uns selbst Stimmungsschwankungen vorbeugt, hilft auch unseren Kindern. Dazu gehören ganz simpel genügend Schlaf, genügend Bewegung und rechtzeitige, regelmäßige Mahlzeiten.

Ein wichtiges Mittel gegen Gefühlsschwankungen ist auch die „geistige Beweglichkeit". Wenn wir nachdenken, dann sind wir sozusagen geistig abgehoben. Wenn wir z.B. im Restaurant überlegen, ob wir ein Steak oder doch lieber etwas Vegetarisches essen, dann denken wir wirklich nur darüber nach. Wir können unsere Gedanken in einem abstrakten Raum bewegen.

Anders ist das bei Kindern: Sie können häufig erst nur konkret denken. Das heißt, ein Kind müsste vielleicht ganz konkret erst ein Stück Steak und dann etwas Vegetarisches essen, um sich entscheiden zu können. Kinder werden oft sehr wütend, wenn man mit ihnen zusammen nachdenkt, weil sie das Gedachte schon konkret erleben. Sie glauben, man spreche schon über Tatsachen und verstehen nicht immer, dass man noch im „Nachdenk-Modus" ist.

Wenn man also überlegt, ob man mit der Bahn in den Urlaub fahren will oder mit dem Auto, dann stellen sich die Kinder vielleicht schon ganz konkret die Fahrt mit der Bahn vor. Sie denken möglicherweise, das Ganze sei schon beschlossene Sache. Wenn wir dann noch einmal gedanklich umschwenken und über eine Autofahrt nachdenken wollen, erleben die Kinder das wie einen Zusammenbruch. Es ist, als säßen sie schon in der Bahn und sollen dann plötzlich mit dem Auto fahren.

Wenn wir bedenken, dass Kinder noch ein sehr konkretistisches Denken haben und bei dem Wort „Kreislaufstörung" wirklich glauben, jemand hätte Schwierigkeiten damit, im Kreis zu laufen, dann können wir ihr Schwanken besser verstehen und leichter ertragen. Und wenn wir die Schwankung einmal wieder nicht verstehen, können wir uns darin üben, es mit Fassung zu tragen ...

„Was sagt man da?" Dankbarkeit entsteht von selbst

Dankbarkeit ist ein tiefes und reifes Gefühl. Gefühlsstarke Kinder können sehr überschwänglich ihre Dankbarkeit zum Ausdruck bringen. Schon kleinste Kinder blicken dankbar, wenn sie das Richtige im richtigen Moment erhalten. Doch die Kleinsten sind oft noch nicht fähig, „Danke" zu sagen. Sie kennen das vielleicht: Sie gehen mit Ihrem Kind zum Bäcker, es bekommt ein Brötchen geschenkt und Sie hören sich sagen: „Was sagt man da?"

„Was sagt man da?" ist einer der häufigsten Sätze, die ich von Eltern höre. Er wird ungeduldig ausgesprochen. Die Mutter blickt unsicher zur Seite und denkt: „Wenn mein Kind schon nicht ‚Danke' sagt, dann will wenigstens ich den anderen zeigen, dass es mir nicht egal ist und dass ich es wichtig finde, sich zu bedanken." Sie hat den Umstehenden gezeigt, dass sie eine sich sorgende Mutter ist, aber sie hat auch gezeigt, dass sie nicht erwartet, dass ihr Kind ganz von selbst „Danke" sagen könnte.

Sie hat die Anstrengung unternommen, das Kind zum „Danke sagen" zu zwingen. Das Kind selbst fühlt sich vielleicht wie eine Marionette. Was der Mutter hier fehlte, war das Vertrauen, dass ihr Kind schon das „Danke" in den Augen hat und dass es nur noch eine Frage der Zeit ist, bis es auch „Danke" sagt. Es fehlte ihr auch das Vertrauen in die Bäckerin, die die dankbaren Blicke schon sehen würde. Und es fehlte ihr das Vertrauen, dass die Umstehenden nicht schlecht über sie oder ihr Kind denken würden, wenn ihr Kind nicht „Danke" sagt.

Und auch hier haben wir wieder falsche Vorstellungen davon, wann ein Kind etwas können muss. Wird ein kleines Kind beschenkt, ist es innerlich sehr beschäftigt. Es laufen viele Vorgänge parallel in seinem kleinen Köpfchen ab und es kann in dem Moment einfach noch nicht „Danke" sagen. Das automatische Sprechen als Reaktion kommt erst etwas später, aber es wird kommen und zwar ganz ohne „Training". Bis dahin kann der Erwachsene als sogenanntes „Hilfs-Ich" dabei sein. Das heißt, die Mutter sagt für das Kind „Danke" zur Verkäuferin und erledigt ist die Sache. Das Kind kann weiterhin fasziniert sein Brötchen anschauen und die Verkäuferin anblicken. So hat es Raum, sein echtes „Danke" in Ruhe zu spüren und es später dann auch auszusprechen, wenn es auch wirklich „Danke" meint. Wenn wir warten können, bis das sprachliche „Danke" ganz von selbst kommt, dann können wir uns oft an der Ehrlichkeit freuen und auch an der Natürlichkeit, in der das „Danke" kommt.

Das heißt natürlich nicht, dass Eltern, die ihr Kind fragen: „Was sagt man da?" etwas „falsch" machen. Viele Wege führen nach Rom. Aber es heißt, dass die „Was-sagt-man-da?"-Eltern sich möglicherweise mehr Stress machen, weil sie irgendwie glauben, dass sie ihr Kind zum „Danke sagen" erziehen müssten. Doch wir müssen unsere Kinder zu viel weniger „erziehen" als wir glauben, weil das Gute und das Soziale einfach in ihnen steckt. Wir müssen unsere Kinder nicht ungeduldig in eine Richtung schicken, sondern wir können einfach abwarten, bis es von selbst kommt.

Diese Haltung macht nicht nur uns selbst das Leben leichter, sondern es lässt auch das Kind „in Ruhe" – und wo immer wir unser Kind in seiner Ruhe und Gelassenheit unterstützen, wird es seine Gefühle gut halten können. Dankbarkeit ist ein natürliches Gefühl, das ganz von selbst kommt, wenn es einen Grund zur Dankbarkeit gibt. Daher halte ich auch nichts von „Dankbarkeits-Tagebüchern", weil gedachte Dankbarkeit nicht dasselbe ist wie die zutiefst gefühlte Dankbarkeit in dem Moment, in dem sie sich natürlich ergibt. Sowohl bei gefühlsstarken Kindern als auch bei uns Erwachsenen zeigt sich Dankbarkeit spontan und ehrlich. Die anderen sehen uns an, wenn wir dankbar sind.

3. Wie Sie auf die Affekte Ihres gefühlsstarken Kindes reagieren können

Vom Beobachten, begleiten und geschehen-lassen

Wir haben nun gesehen, dass Sie vielleicht nicht einfach nur ein gefühlsstarkes Kind haben, auch wenn es von Natur aus sehr temperamentvoll und gefühlsbetont sein mag, sondern dass Sie auch auf bestimmte Art daran mitwirken können, wie sehr die Gefühlsstärke des Kindes ausgeprägt ist. Sie können durch Mitgefühl unangenehme Gefühle beruhigen, durch Mitfreude die Freude vergrößern oder durch emotionale Abwesenheit Beunruhigung verstärken. Sie können die Wut Ihres Kindes ungewollt züchten durch ein Verhalten, das Ihnen gar nicht bewusst ist.

Dieser Blickwinkel löst oft Unbehagen aus, weil wir uns wieder der „Schuldfrage" nähern. Wichtig ist es, dass Sie sich selbst ernstnehmen und Ihren Gedanken und Gefühlen folgen. Die Beziehung zu ihrem Kind ist etwas Einzigartiges und wenn Sie selbst auf vielleicht noch nicht erkannte Weise daran mitwirken, Ihr Kind im negativen Sinne gefühlsstark werden zu lassen, dann haben Sie auch die Möglichkeit, Ihrem Kind wieder zu mehr Gelassenheit zu verhelfen. „Aber ich habe doch schon alles ausprobiert! Ich habe eine Verhaltenstherapie gemacht, wir waren in Mutter-Kind-Kur, ich schicke mein Kind zur Therapie, ich mache mit ihm Hausaufgaben, ich spreche mit ihm, unternehme Dinge mit ihm, stelle Regeln mit ihm auf – und dennoch ist mein Kind furchtbar explosiv und superanstrengend, wenn es wieder mal seine unberechenbaren Gefühlsausbrüche hat. Ich kann nichts dagegen tun!", mögen Sie sagen.

Vielleicht haben Sie aber Eines noch nicht konsequent genug ausprobiert: Nämlich weniger oder vielleicht auch mal gar nichts zu machen. Nicht zu reagieren. Die Dinge so sein zu lassen, wie sie sind. „Wie soll das gehen? Mein Kind braucht klare Grenzen, sonst springt es hier im Dreieck!", denken Sie vielleicht.

Ja, wahrscheinlich können Sie nicht von heute auf morgen „einfach nichts" machen, doch was oft gut tut, ist eine bestimmte innere Haltung. Allein eine neue innere Haltung kann etwas im Kind bewirken. Genauso wie der Patient in der Therapie sich dankbar fühlt, wenn der Therapeut sich darum bemüht, ihm zu helfen, so wird Ihr Kind sich verändern, wenn Sie Ihre innere Haltung verändern.

Vielleicht werden Sie Hilfe zu neuen Schritten suchen, aber in Ihnen stecken alle Möglichkeiten, die Sie brauchen, um eine vielleicht schwierige Situation mit Ihrem gefühlsstarken Kind zu meistern. Sie können bewirken, dass sich in Ihnen selbst und auch in Ihrem Kind mehr Ruhe ausbreitet.

„Nichts tun" bedeutet auf keinen Fall, antiautoritär oder gleichgültig zu sein, sondern das Nichts-Tun im Zusammensein mit dem Kind gleicht eher einer Meditation, die man einüben kann. Was Sie immer tun können, auch wenn man es von außen nicht sieht, ist, über Ihr Kind nachzudenken und es neugierig zu begleiten. Das heißt, es ist Ihnen nicht egal, was Ihr Kind macht, sondern Sie schauen mit

Interesse, was es tun wird und lassen sich von ihm leiten. Sie können Ihr Kind emotional auf seinem Weg aufmerksam begleiten.

Doch dazu braucht es erst einmal Vertrauen, das Ihnen und auch Ihrem Kind über die Zeit vielleicht abhanden gekommen ist. Dieses Vertrauen kann jedoch wieder wachsen.

Wenn Sie zum Beispiel ein „Schreibaby" haben, können Sie sich an Therapeuten wenden, die die sogenannte „Emotionelle Erste Hilfe" anbieten. Die Beruhigung des Kindes funktioniert hier fast immer über die Entspannung der Mutter und den guten Verbindungsaufbau zum Kind. Wenn Sie ein „ADHS-Kind" haben, können Sie einmal schauen, ob Sie selbst eine tiefenpsychologische Psychotherapie ausprobieren möchten. Sie brauchen dabei nichts mit Ihrem Kind zu machen, sondern Sie können ganz bei sich bleiben.

Es kann auch sehr hilfreich sein, Meditation zu erlernen. Traditionelles Yoga ist zum Beispiel Meditation in Bewegung. Sie können lernen, Ihren eigenen Körper neu zu entdecken und Ihre Atmung so zu steuern, dass Sie sich mehr und mehr entspannen. Durch Yoga, Tai Chi oder Chi Gong können Sie spüren, wo Sie überall Muskeln haben. Sie lernen Ihren Körper bis in den kleinsten Winkel hinein kennen. Und in Kombination mit achtsamer Atmung können Sie lernen, auch die kleinsten Muskeln zu entspannen. Das kann mit einiger Ausdauer sogar so weit gehen, dass sich die Muskelzellen der Arterien mit entspannen und in der Folge hoher Blutdruck zurückgeht oder, dass sich die Muskelzellen der kleinen Bronchialästchen entspannen und somit Asthma zurück geht.

„Wie soll ich denn als Mutter in all dem Trubel auch noch Yoga machen?", werden Sie vielleicht fragen. Wichtig ist erst einmal zu wissen, dass die Möglichkeit besteht, durch eigene Veränderungen deutlich spürbare Veränderungen bei sich und Ihrem Kind zu bewirken. Wenn einmal die Idee da ist, dass es so funktionieren könnte, ist schon viel gewonnen. Sie können so auf die Suche gehen. Sie können auch schon mit kleinen Übungen im Alltag anfangen. Schauen Sie sich vielleicht abends YouTube-Videos zu den Themen Meditation, Atmung (Pranayama) und Achtsamkeit an. Wenn Sie irgendwo warten müssen, z.B. an der Kasse, dann können Sie innehalten und kurz schauen, wie Sie sich fühlen. Sie können spüren, wie Ihre Füße im Kontakt zum Boden stehen oder wie sich die Luft über Ihrer Lippe beim Ein- und Ausatmen anfühlt. Die Kunst ist es, dabei nichts zu machen, sondern einfach nur einen Moment zu schauen, wie es sich gerade anfühlt.

„Scheußlich!", werden Sie möglicherweise sagen und haben die Tendenz, innerlich wieder wegzulaufen. Das ist in Ordnung. Die ersten Achtsamkeitsversuche können wenige Momente dauern. Vielleicht kommt auch schon nach zwei Atemzügen Ihr Kind wieder an und will etwas von Ihnen. Aber sie können auch schon in wenigen Sekunden erfassen, wie Sie sich fühlen. Sie haben alles in sich, was es zur Entspannung braucht.

In vielen Psychotherapien geht es heute darum, sich zu stabilisieren und nicht zu sehr in die Tiefe der Probleme zu gehen; es wird Wert auf positives Denken gelegt. Das scheint erst einmal erleichternd, aber in Wirklichkeit beginnen Sie häufig, innerlich zu kämpfen. „Ah, da war schon wieder ein negativer Gedanke – ich möchte ihn durch einen guten Gedanken ersetzen.", mögen Sie vielleicht denken. Doch dann machen Sie mit sich selbst etwas, was Sie eventuell auch mit Ihrem Kind machen: Sie fangen an, zu steuern, zu regulieren, zu kontrollieren.

Mich erleichterte einmal der Satz einer buddhistischen Nonne: „Es ist nichts falsch an Negativität." Und ich denke, dass ich daher auch den psychoanalytischen Ansatz so schätze: Weil er die *Wahrheit* sucht und nichts beschönigen will.

Allein dadurch, dass wir das Negative anschauen können, verändert es sich.

Diese Einstellung kann besonders anfangs von einer großen Angst begleitet sein: Wenn ich die Dinge laufen lasse, dann endet es im Chaos. Wenn ich mein Kind essen lasse, was es will, isst es nur noch Pizza und Eis. Aber das ist mit „lassen" nicht gemeint. Wenn Sie auch andere Dinge im Haus haben – von Reispfanne bis Mandelkuchen – dann wird Ihr Kind auch zu anderen Dingen greifen. Kein Körper ist so „dumm", sich von sich aus einseitig zu ernähren. Manchmal brauchen wir eben den Mut und die Geduld, etwas abwarten und betrachten zu können, ohne darauf eingreifend zu reagieren.

Über den Körper: Kastrationsangst, Spinnenphobie und unnötige Operationen

Gefühlsstarke Kinder fallen auf. Sie sind im Fokus – und nicht selten sind sie im Fokus von Ärzten und Therapeuten, die schauen, was mit dem Kind „nicht stimmt". Das fängt oft im Babyalter an und findet erst ein Ende, wenn das Kind von zu Hause auszieht.

In Deutschland sind die Kinder besonders in Gefahr, dass an ihnen – provokativ gesagt – herumgeschnibbelt und herumgeformt wird. Die medizinischen Maßnahmen, die zur Anwendung kommen, sind für Kind und Mutter meistens eine große Belastung.

Wir sprechen mit den Ärzten oft über konkrete Probleme und übersehen dabei, dass die Psyche eine enorme Rolle spielt.

Wir schrecken davor zurück, unsere Phantasie spielen zu lassen und wollen nicht „spekulieren", was das Kind denn wirklich belasten könnte. Stattdessen greifen wir rasch zu konkreten Maßnahmen und merken hinterher, dass das nicht den gewünschten Effekt brachte.

Immens wichtig ist es, Wissen über die kindliche Psychologie zu haben – nur so kann es uns gelingen, unsere Kinder vor traumatischen Erfahrungen zu bewahren. Überlegen Sie lieber dreimal, bevor Sie Ihrem Kind die Polypen, Mandeln oder Weisheitszähne entfernen lassen. Jede Operation im Kleinkindalter kann zu erheblichen psychischen Beschwerden führen, wenn die Kinder nicht wirklich einfühlsam begleitet werden.

Viele Erwachsene können kindliche Ängste aus Unwissenheit nicht verstehen. Sehr oft wurden diese Erwachsenen selbst nicht verstanden, als sie Kind waren. Bei etwa 4- bis 6-jährigen Jungs spielt beispielsweise die sogenannte „Kastrationsangst" eine große Rolle. Im eigentlichen Sinne ist damit die Angst davor gemeint, den Penis abgeschnitten zu bekommen. Im weitesten Sinne bedeutet „Kastrationsangst" jedoch auch die Beschneidung der Integrität und des eigenen Körpers.

Besonders erwähnenswert finde ich die Tatsache, dass bei Phimosen (Verengung der Penisvorhaut) auch heute noch relativ unbedacht eine Operation empfohlen wird, bei der nicht selten die gesamte Vorhaut entfernt wird. Viele Männer leiden jedoch als Erwachsene unter ihrem Fehlen, da die Vorhaut z.B. das Lustempfinden erhöht sowie die Selbstbefriedigung und auch den Geschlechtsverkehr erleichtert.

Viele Kinder haben schreckliche, teils unbewusste Erinnerungen an die Operation, die oft eben auch in das Alter fiel, als sie unter Kastrationsängsten litten. Bis heute wird den Kindern im Scherz damit gedroht, dass man ihnen den Daumen abschneiden wird, wenn sie noch länger daran nuckeln. Diese Drohung weckt furchtbare Ängste.

Friseur- und Zahnarztbesuche sowie jegliche medizinische Eingriffe wecken immer wieder diese Ur-Angst, körperlich beschädigt zu werden oder den Penis zu verlieren. Heute wird oft gesagt, dass die Kastrationsangst keine Rolle mehr spiele und ein unbrauchbares Überbleibsel aus Sigmund Freuds Theorien sei. Wer jedoch um die Kastrationsangst weiß, der kann sein Kind aufmerksamer beobachten und wird erstaunt sein, wie gut sich plötzlich Ängste vor Messern, Sägen, Motoren usw. verstehen lassen.

Kinder beschäftigen sich besonders im Alter von vier bis sechs Jahren mit den Geschlechtsunterschieden. Den Jungen macht es oft wirklich Angst, wenn sie sehen, dass dem Mädchen „da vorne" etwas fehlt. Das erklärt unter anderem auch die oft lang anhaltende Verstörung, wenn der Junge eine kleine Schwester bekommt. Die meisten Eltern denken nicht daran, dass der Geschlechtsunterschied mit zu der Beunruhigung des Kindes beitragen könnte, doch auch hier gilt: Wer darum weiß, der wird Erstaunliches entdecken in Kinderträumen, Basteleien oder Bildern.

Besonders bei Mädchen kommt in der Pubertät die Angst vor Spinnen auf. „Die langen Beine! Der fette Bauch! Und diese Haare!" lassen so manches Mädchen erstarren. Es geht unbewusst häufig auch um die eigenen langen Beine und um die Schamhaarregion, die anfangs mit Spinnen assoziiert werden können. Spinnen haben oft einen dicken Bauch und nehmen kleine Opfer gefangen – hier fühlen sich gerade Mädchen unter Umständen an die Themen Schwangerschaft, Sexualität und „Ohnmacht bei der Mutter" erinnert. Was hier vielleicht sehr abstrakt, ja abstrus für Sie klingen mag, ist jedoch in Kinder- und Jugendlichentherapien immer wieder Thema.

Es ist unglaublich wichtig, dass die Eltern die körperliche Unversehrtheit ihres Kindes respektieren und Eingriffe nur zulassen, wenn es wirklich nicht mehr anders geht. Scheuen Sie sich nicht, ärztliche Meinungen infrage zu stellen.

Die typische Vorstellung von westlichen Schulmedizinern ist oft, dass Körperteile „zu eng" sind. Das beginnt schon bei der Geburt: Ist das Becken „zu eng", wird der Mutter ein Kaiserschnitt empfohlen, was sehr häufig nicht nötig ist. Die Natur ist nicht dümmer geworden, nur der Mensch versteht weniger. Becken sind dehnbar und Kinderköpfchen flexibel, sodass oft viel mehr Platz da ist, als Mütter vor der Geburt denken.

Im Kindesalter geht es mit den Mandeln, Polypen und vielleicht sogar Nasescheidewänden weiter. Da sollen Durchgänge zu eng sein und die

Sprachentwicklung hemmen. Manchmal lassen sich Eltern zu rasch von Ärzten zu einer Operation überreden. In der Psychotherapie höre ich jedoch oft von erwachsenen Patienten, dass die Operation das Problem nur unwesentlich gebessert habe, dass jedoch starke Ängste und belastende Erinnerungen rund um die damalige Operation bestehen.

Nachdem die Zahnspange die Jugend begleitet wegen eines „zu engen" Kiefers, kommen schließlich mit 18 Jahren bei vielen die Weisheitszähne heraus – aus demselben Grund.

Sie sehen: Es gibt sehr viele Stationen, in denen der kindliche Körper in Gefahr ist, unter's Messer zu geraten.

Gefühlsstarke Kinder äußern auch körperliche Irritationen oft stärker als weniger gefühlsstarke Kinder, sodass die Erwachsenen alarmiert sind und sich Sorgen machen. Wichtig ist es, erst einmal gelassen zu bleiben und inneren Abstand zu bewahren. Lassen Sie sich nicht zu leicht von Ärzten beeindrucken. Fragen Sie im Zweifel den Arzt: „Was würden Sie tun, wenn es Ihr Kind wäre?"

Lassen Sie sich Zeit, zu warten. Ärzte, Erzieherinnen und Lehrer mahnen oft, man solle eben nicht zu lange warten. „Je früher, desto besser", so die Devise. Das ist jedoch in sehr, sehr vielen Fällen nicht so.

Hören Sie auch auf Ihr Kind und berücksichtigen Sie seine Ängste. Beobachten Sie einmal, wie die Sache ein oder zwei Monate später aussieht und scheuen Sie sich nicht, bei Fragen eine zweite und dritte Meinung einzuholen.

Bedenken Sie dabei, dass Ärzte aus chirurgischen Fächern (Urologen, Orthopäden, Gynäkologen, Hals-Nasen-Ohren-Ärzte) am ehesten zu einer Operation raten, wenn Sie diese Ärzte nach ihrer Meinung fragen. Als ich im Studium im Krankenhaus arbeitete und mich an einem Morgen mit Magenschmerzen an den Chirurgen wandte, sagte er lachend: „Sowas fragt man nicht den Chirurgen – der operiert Ihnen einfach den Magen weg. Geh'n Sie damit mal lieber rüber zu den Internisten."

Da ist viel Wahres dran. Bei einer Phimose können Sie natürlich den Kinderurologen fragen, doch es schadet meistens nicht, auch nochmal einen alten, erfahrenen Kinderarzt zu fragen, der viele Phimosen in seinem Leben gesehen hat und der auch weiß, wie sich etwas entwickelt, wenn man abwartet.

Wir „machen" so viel mit dem Körper des Kindes. Und manchmal, bei all den Diskussionen um sexuellen Kindesmissbrauch, machen wir auch „zu wenig" mit dem kindlichen Körper.

Es darf z.B. in manchen öffentlichen Einrichtungen kaum noch geherzt oder gekuschelt werden und auch viele Eltern sind enorm verunsichert darüber, was sie mit dem Kind „machen" dürfen und was nicht. Darf man es auf den Mund küssen oder doch lieber nur auf die Wange? Darf man ihm die Zähne putzen, muss man es gar oder bringt man es selbst nicht über's Herz?

Wie wir den Körper des Kindes betrachten, hängt unmittelbar damit zusammen, wie unser eigener Körper damals von unseren Eltern und anderen Erwachsenen behandelt wurde.

Gerade auch wenn Kinder gegenseitig mit ihren Körpern spielen, kommt oft große Unsicherheit auf. „Wenn die Kinder Doktorspiele machen, dann lassen Sie die Tür zu und bleiben draußen.", riet uns ein erfahrener Professor im Studium. Heute werden die Kinder viel zu häufig zu ängstlich beäugt.

Und wenn doch mal etwas schief geht? Dann ist es wichtig, zu wissen: Sogenannte traumatische Ereignisse wirken meistens dann traumatisch, wenn sie zu entsprechenden Vorerfahrungen passen. Ein Kind, das von Vater oder Mutter schon früh übergriffig behandelt oder sexuell missbraucht wurde, wird von erneutem sexuellen Missbrauch in der Schule wirklich „re-traumatisiert" werden.

Ein Kind jedoch, dessen Eltern seine Grenzen respektierten, wird Übergriffe z.B. in der Schule zwar ebenfalls als verstörend und traumatisierend empfinden, aber es wird davon erzählen und es auf eine viel gesündere Art „verdauen" können, als dies bei einem „vorgeschädigten" Kind der Fall wäre.

Das heißt: Sie können Ihr Kind natürlich nicht immer vor Unglücken bewahren. Aber Sie können für eine vertrauensvolle Beziehung sorgen, sodass traumatische Erfahrungen, die unweigerlich hier oder dort kommen werden, auf weichen Boden fallen und keine allzu tiefen Risse hinterlassen.

Meditation im Hamsterrad: Sein-Lassen lernen.

Das Zusammenleben mit einem gefühlsstarken Kind scheint mitunter endlos zu sein. Zwischen Wäschebergen, Geschirrspüler, Elternabenden, Geldsorgen, Erkältungen, Therapie-Terminen und Beruf gibt es kaum eine Möglichkeit, Luft zu holen. „Wie soll ich das bloß noch jahrelang aushalten?", denken Sie vielleicht, während Sie kurz vor dem Burnout stehen. „Ich komme mir vor wie im Gefängnis – tagein, tagaus Dasselbe und keine Chance, zu entkommen…", sagt eine Mutter.

Das Bild vom Gefängnis taucht im Zusammenhang mit Kindern immer wieder auf. Wir sind eingeengt in die Pflichten und sehen kein Ende des Tunnels, geschweige denn irgendwo Licht. „Die Jahre sind kurz, die Nächte lang.", heißt es. Kaum irgendwo ist dieser Satz wahrer als im Zusammensein mit Kindern.

Und doch gibt es etwas, das wir immer verändern können: uns selbst. Wir können langsam daran arbeiten, Vertrauen aufzubauen und achtsam zu werden. Wir können unseren Alltagstrott nutzen, um große Veränderungen herbeizuführen mithilfe vieler kleiner Schritte.

Die Buchautorin Linda Thomas hat als Reinigungskraft gearbeitet und schreibt in ihren Büchern darüber, wie man beginnen kann, das Putzen zu lieben (Thomas, 2015). Eindrucksvoll nimmt sie das Putzen unter die Lupe und beschreibt, wie dadurch alles heller wird. Sie sagt, wir sind nicht allein, sondern umgeben von vielen unsichtbaren Wesen und wenn's auch nur die Spinnen im Zimmer sind. Sie beschreibt, wie sie andächtig vor den Toiletten kniete, die sie reinigte und konnte feststellen, dass die Toiletten von den Menschen mit mehr Respekt benutzt wurden. Sie merkte, wie ihre innere Haltung beim Putzen dazu beitrug, dass sich auch die Außenwelt veränderte.

Was so abgehoben klingt, können Sie aber vielleicht selbst feststellen, wenn Sie es bei sich ausprobieren. Es macht einen Unterschied, ob ich die Spülfläche mit Liebe abwische oder mit Hektik. Wir können einmal versuchen, uns in den Moment zu versenken, in dem wir die Spülfläche abwischen und zum Glänzen bringen. Wir können einen besonders weichen Lappen benutzen oder einen besonders leckeren Duft. Wir können eine Zitrone abreiben oder Orangenöl verwenden, um uns selbst mit gutem Duft ein wenig in bessere Stimmung zu versetzen.

> *Es ist tatsächlich so, dass auch Ihre Kinder merken werden, dass etwas anders ist. Wenn Sie in einer ruhigen Minute das Zimmer Ihres Kindes betreten und einmal versuchen, sich nicht gleich über das Durcheinander aufzuregen, sondern auf Ihre Atmung achten, kann das einen Unterschied machen.*

Vielleicht mögen Sie die Bettdecke Ihres Kindes ordentlich hinlegen und dabei an gute Erlebnisse denken, die Sie gemeinsam hatten. Stellen Sie sich vor, wie Sie beim Aufschütteln der Decke auch Ihre Liebe zu Ihrem Kind wieder auffrischen. Lassen Sie frische Luft ins Kinderzimmer und stellen Sie sich vor, wie dadurch auch die „dicke Luft" entweichen kann.

Eine ganz einfache Atemübung ist es, darauf zu achten, wie die Luft an den Nasenlöchern ein- und wieder austritt. Wenn Sie sich wirklich darauf konzentrieren, dann können Sie für Augenblicke auch Ihre hektischen Gedanken und Sorgen vergessen. Es muss nicht lange sein, Sie brauchen keinen hohen Anspruch an sich zu haben – anfangs können einige Sekunden reichen, in denen Sie eine Ahnung davon bekommen, wie es sein könnte, wieder entspannter zu sein.

Suchen Sie sich Düfte aus, die Sie gerne mögen und versuchen Sie, sich damit zu umgeben. Die Umgebung hat eine enorme Auswirkung auf unser Wohlbefinden und auch auf das des Kindes. Vielleicht können Sie grundsätzlich überlegen, wie wieder mehr Ordnung im Kinderzimmer entstehen kann. Die „Ordnungstherapie", die schon der Pfarrer Kneipp vor 150 Jahren erwähnte, hat ihren tiefen Sinn. Mönche und Nonnen achten besonders auf Ordnung und Sauberkeit, denn die äußere Ordnung verstärkt das Gefühl von innerer Ordnung.

„Aber ich bin doch schon so eine Perfektionistin im Haushalt!", mögen Sie sagen. Doch es geht nicht um den perfekten Haushalt, der wiederum selbst Unruhe auslösen kann, sondern es geht um eine Umgebung zum Wohlfühlen. Und die kann tatsächlich entstehen, wenn Sie ganz langsam werden und alles sehr bewusst und mit Liebe tun. Sie können das Kochen und das Putzen zur Meditation machen – auch, wenn es anfangs vielleicht nur für kurze Minuten gelingen mag. So können Sie mehr und mehr zwischendurch abtauchen und Ihren Kopf freiwerden lassen. In schweren Zeiten lässt sich so möglicherweise ein Burnout verhindern: ganz langsam und achtsam werden. Es wird dazu führen, dass auch Ihr Kind mit der Zeit die kleinen Unterschiede bemerkt.

#RegrettingMotherhood: Sich erlauben, Verbotenes zu denken

„Hätt' ich doch nie dieses Kind bekommen!", mag so manche Mutter insgeheim mal denken. Doch dürfte man das ehrlich aussprechen? Es ist schon harter Tobak. Auf Facebook, Twitter, Instagram und Co. gibt es die Kampagne „#RegrettingMotherhood". Unter diesem Hashtag sprechen Mütter offen darüber, warum sie es bereuen, Mutter geworden zu sein. Natürlich lieben auch sie ihre Kinder weiterhin und auch Reue kann in Wellen kommen und gehen. Aber dass Frauen es überhaupt wagten, dieses Thema einmal offen anzusprechen, ist schon ein erstaunlicher und für viele auch ein befreiender Schritt.

> *Was uns das Leben mit unseren gefühlsstarken Kindern enorm anstrengend machen kann: Unsere verbotenen Gedanken zu verstecken.*

Das zeigt sich unter anderem daran, dass wir nach „wertschätzenden" Begriffen suchen und lieber „gefühlsstark" sagen als „anstrengend" oder „empfindlich". Wenn wir „empfindsam" statt „empfindlich" sagen, klingt es schon wieder anders. Aber trotz aller wertschätzender Begriffe merken wir doch oft verzweifelt, wie darunter unser „wahres Gefühl" zu den Dingen bestehen bleibt. Egal, wie schön wir etwas nennen, wenn es gerade schwer oder schlimm ist, dann bleibt es so. Ständiges Verdrängen ist enorm kraftraubend.

„Meine Freundin Lisa war damals nach der Geburt ihres ersten Kindes depressiv geworden. Sie schaffte gerade so noch den Haushalt, aber sie rief mich nie zurück, wenn ich mal bei ihr anrief. Sie sagte immer, dass es ihr leid täte, aber sie sei zu nichts gekommen – noch nicht einmal zum Telefonieren. Ich hatte oft das Gefühl, sie übertreibt ein bisschen.", erzählt eine Mutter.

Ja, von außen sieht es manchmal nach „Übertreibung" aus. Aber die Anstrengung, die Lisa erlebte, war enorm. Sie war den ganzen Tag beschäftigt mit Sorgen, mit trüben Gedanken und auch mit dem Verdrängen.

Lisa sagt heute: „Erst als ich mit meinem Baby in der Klinik war, merkte ich, was ich den ganzen Tag so alles verdrängt habe. Das fing schon in der Schwangerschaft an, wenn ich manchmal dachte: ‚So, ab jetzt bist Du unfrei. Du wirst ständig für diesen Wurm da sein müssen und gibst Deine eigene Freiheit auf.' Diese Gedanken quälten mich enorm, doch ich traute mich noch nicht mal richtig, sie vor mir selbst zuzugeben. Immer wieder zwang ich mich zu positivem Denken – das war enorm anstrengend. Als Mia dann geboren war, war ich zunächst gar nicht glücklich mit ihrem Aussehen. Aber darf man das als Mutter denken, dass man ein hässliches Kind hat? Sie machte mir von Anfang an Probleme – sie trank nicht gut, sie spuckte viel, sie schrie ständig und schlief unruhig. Und als sie etwas älter wurde, kamen diese vielen Infekte hinzu. Wenn sie mich schon morgens mit fiebrigem Weinen weckte, dachte ich: ‚Nicht schon wieder! Kannst Du nicht einfach mal gesund bleiben, Kind?' Und direkt hatte ich wieder ein schlechtes Gewissen. Schließlich trägt ein Kind keine Schuld daran, wenn es krank wird. Es will einen ja nicht ärgern. Und ein kleines krankes Kind verdient ja eigentlich Mitleid, doch ich wurde innerlich aggressiv."

Um das so offen erzählen zu können, brauchte Lisa viele Psychotherapiestunden. Heute weiß sie: „Was das Ganze wirklich anstrengend gemacht hatte, war, dass ich mir alle diese aggressiven und schlechten Gedanken verboten hatte. Ich selbst hatte eine vorbildliche Mutter – immer fröhlich, immer Kuchen-backend, immer liebend. Gerade auch vor ihr hatte ich ein mega schlechtes Gewissen, dass ich meiner so lebhaften Tochter gegenüber so abweisend war. Das war mir aber alles nicht so richtig bewusst – ich fühlte mich nur schlecht und fand mein Kind anstrengend, ganz egal, was es tat oder nicht tat. Meine Kraft kam erst Stück für Stück zurück, als ich lernte, mich für dieses Negative in mir nicht zu verurteilen. Ich musste erst lernen, mich nicht innerlich zu zerfleischen dafür, dass ich mehr aggressive als liebevolle Gedanken und Gefühle meinem Kind gegenüber hatte. Und auch das wiederum war anstrengend – es war also eine permanente innere Arbeit."

Weiter sagte sie: „Doch das Paradoxe war... Je mehr ich mich öffnete für meine Wut, meine Abneigung und meine Trauer, desto öfter schimmerten auch kleine Liebesstrahlen durch. Und auch meine Tochter wurde auf eine Art wieder zugänglicher. Für Momente merkte ich dann doch, dass ich fähig war, meine Tochter zu lieben. Das war für mich eine große Erleichterung."

Liebe und Hass hängen eng zusammen und wenn man dem Hass nicht genug inneren Raum gibt, hat es oft auch die Liebe schwer, sich zu zeigen. Heute geht Mia in die 5. Klasse und Lisa ist sehr erleichtert, dass sie ihre Tochter trotz der schwierigen Anfangs-Zeiten gut begleiten konnte. „Ich dachte manchmal, dass meine postpartale Depression schuld daran war, dass meine Tochter so gefühlsstark wurde und sich dabei schlecht regulieren konnte. Heute sehe ich das anders: Es kann niemand etwas dafür – weder meine Tochter dafür, wie sie ist, noch ich dafür, dass ich krank wurde. Bald spürte ich, dass es jedes Jahr etwas einfacher für mich und meine Tochter wurde."

„Um ein Kind großzuziehen, braucht es ein ganzes Dorf.", heißt es doch so schön. So ein Dorf haben die meisten Mütter hier nicht. Wenn dann die Kita oder die Schule anfängt, haben sie ein schlechtes Gewissen, wenn sie innerlich um jede Stunde froh sind, in der sie sich nicht um ihr Kind kümmern müssen. Aber im Grunde ist es nur ein Zeichen dafür, wie überfordert wir alle sind.

An Beispiel von Lisa und Mia wird offensichtlich, wie sehr das Verdrängen eigener Gefühle und Gedanken dazu führen kann, dass wir das Leben mit unserem gefühlsstarken Kind als anstrengend empfinden.

Sie können sich das Leben Schritt für Schritt erleichtern, indem Sie achtsam auf ihre Gedanken und Gefühle schauen und Negatives mit mehr Mut und mehr Offenheit zulassen.

Das kann oft jahrelange Arbeit mit oder ohne Psychotherapie bedeuten. Je nachdem, wie streng Sie innerlich zu sich selbst sind und wie Sie selbst erzogen wurden.

Wenn Sie all dem Negativen einen inneren Raum geben, dann merken Sie vielleicht einerseits, wie „schlecht" Sie sind – doch das „Schlechte" gehört einfach zum Menschsein dazu. Alle Märchen zeigen das, in denen das Böse und die „böse Stiefmutter" so eine wichtige Rolle spielen. Doch gleichzeitig sind Sie keine „schlechte" Mutter, sondern einfach nur überfordert und alleingelassen. Sie als Mutter entwickeln sich ebenso wie sich Ihr Kind entwickelt: über viele Jahre Schrittchen für Schrittchen.

Verbotene Gedanken und Gefühle innerlich zuzulassen ist ein Lebensprojekt, denn wir verdrängen vieles aus Angst davor, vor uns selbst schlecht da zu stehen.

Wir haben oft so viel und so schnell verdrängt, dass wir noch nicht einmal die ursprünglichen Gedanken und Gefühle erfassen können. Wir merken dann plötzlich nur, dass wir erschöpft oder schlecht gelaunt sind – und unser Kind gleich mit. Doch je mehr wir üben, zu schauen, was wirklich in uns vorgeht, desto freier können wir uns fühlen und desto mehr können wir uns „innerlich erlauben". Mit dem größeren inneren „Erlaubnis-Raum" geht oft einher, dass wir auch die Außenwelt als weniger streng und weniger fordernd erleben.

Durch diese neue Sicht und das neue Erleben können auch Streitereien mit dem Partner oder mit anderen Müttern seltener werden, denn auch die Streitereien sind nicht selten ein Kampf zwischen Verdrängen und Offensichtlich-Werden. Wenn wir selbst unser „negatives Innenleben" kennen und verstehen lernen, dann verlieren wir die Strenge mit uns selbst und mit unserem Kind. Und auch andere kommen uns nicht mehr so streng und schlecht vor. Das heißt, wir müssen uns – vor uns selbst oder anderen – nicht mehr so oft rechtfertigen, sodass das Leben dauerhaft entspannter wird. Das merken auch unsere Kinder, die sich dann selbst mit-entspannen können.

Wie viele Regeln brauchen Kinder wirklich?

Wenn ich irgendwo einen Vortrag zu ADHS halte und frage, was ein Kind braucht, muss ich höchstens bis drei zählen und es kommen die Worte: „Grenzen", „Regeln" und „Struktur". Das Wort „Liebe" kommt häufig ganz zum Schluss. Überall ist zu lesen, dass Kinder Grenzen bräuchten. Insbesondere gefühlsstarken Kindern müsse man Grenzen setzen, damit sie nicht ausufern. Doch woher kommt diese Sehnsucht nach Grenzen, die auf Seiten der Eltern so groß ist?

Die Eltern sind häufig am Ende ihrer Kräfte und wissen nicht weiter. Sie können nicht verstehen, warum ihr Kind so schwer zu kontrollieren ist, warum es nicht „mitarbeitet", warum es wie ungebändigt erscheint. Es kommt vielleicht immer zu spät, es hört nie, es fängt immer Streit mit den Geschwistern an. So ist das Kind den Eltern ein Rätsel. Und die Eltern sind zutiefst verunsichert. Sie fragen sich, was sie falsch machen und wie sie die Lage beruhigen könnten. Dann kommt ihnen die Idee, Regeln aufzustellen.

Vielleicht kennen Sie diesen Impuls, eine Regel aufzustellen und das Kind im guten Fall zu belohnen bzw. es im schlechten Fall zu bestrafen oder das unerwünschte Verhalten nicht zu beachten. „Unser Kühlschrank ist schon voll mit Plänen, Sonnen, Smileys, roten und grünen Stickern. Anfangs hat sich unser Kind auch motiviert gefühlt, doch das hat schnell aufgehört.", erzählt eine Mutter. Sie hatte ein Belohnungssystem eingeführt, nachdem ihr die Schulhelferin dazu geraten hatte. Immer, wenn ihr Sohn dienstags und freitags die Hausaufgaben vor 17 Uhr erledigt hatte, durfte er einen Film gucken. Immer, wenn er für einen Tag die Wäsche nicht auf den Fußboden warf, erhielt er einen Smiley-Sticker und bekam 50 Cent mehr Taschengeld für diese Woche. „Manchmal kam ich mir vor wie eine Dompteurin im Zirkus.", sagt die Mutter.

> *Regeln stellen wir uns immer dann auf, wenn es uns an innerer und äußerer Sicherheit fehlt.*

Wir führen die Regel ein, dass das Kind nur eine Stunde pro Tag das iPad haben darf, weil wir befürchten, es würde sonst den ganzen Tag damit verbringen. Doch das tut es nicht „von Natur aus", sondern nur, wenn es nicht genug Interesse und andere Angebote bekommt. „Zeig mir, was Du mit dem neuen Malprogramm auf dem iPad gemalt hast! Zeig mir, welchen Film Du gedreht hast, es interessiert mich!"

Botschaften wie diese – wie auch immer sie formuliert sein mögen – sind immens wichtig für ein Kind.

Es kann sein, dass ein Kind nachmittags stundenlang vor irgendeinem Bildschirm sitzt, aber manchmal hat es dabei ein Video mit vielen interessanten Effekten zustande gebracht. Und wenn es an der Tür klingelt und ein guter Freund steht da, dann ist das für gesunde Kinder und Jugendliche immer ein Grund, aufzuspringen, den Freund hineinzulassen und sich mit ihm auszutauschen. Kein Kind sitzt freiwillig stundenlang vor dem Bildschirm. Das tut es nur, wenn es keine anderen Angebote gibt – zu diesen Angeboten gehört nicht der Fußball, der einsam da rum liegt oder das Klavier, das im Wohnzimmer steht, sondern das Angebot muss mit Beziehung verknüpft sein, damit es reizvoll ist. Dabei reicht oft schon das echte Interesse daran, was Ihr Kind macht.

„Ich würde mir wünschen, dass Du öfter Dein Zimmer aufräumst.", sagt die Mutter nach einem stressigen Arbeitstag. Sie hat gelernt, dass die Formulierung „Ich würde mir wünschen ..." von Vorteil sei, denn das Kind wolle eine gute Beziehung zu den Eltern haben. Noch deutlicher könnte sie vielleicht sagen: „Ich wünsche mir, dass ...", um die Botschaft noch klarer zu formulieren, heißt es oft. Doch Beziehung ist nicht nur eine Frage der Qualität, sondern auch der Quantität.

Wenn Eltern zu viel abwesend sind – sei es real oder emotional – dann ist die Beziehung nicht innig genug.

„Ist mir ziemlich egal, was Du Dir wünschst.", antwortet das Kind dann – innerlich oder auch hörbar. Sie erreichen Ihr Kind vielleicht besser, wenn Sie auf Sätze verzichten, die Sie in Ratgebern lesen, sondern ehrlich sagen, was Ihnen in dem Moment in den Sinn kommt: „Seufz, durch Dein Zimmer kommt man ja nicht mehr durch. Anstrengend ist das." Vielleicht entsteht dann ein Gespräch darüber, ob Sie überhaupt noch in das Kinderzimmer gehen müssen. Lassen Sie sich von Ihrem Kind überraschen und bleiben Sie offen dafür, dass es anders gehen könnte, als Sie es sich innerlich ausgemalt haben.

Jede Regel kann gebrochen werden und jede Regel führt zu emotionalem Stress, gerade auch bei gefühlsstarken Kindern. Jede Regel erfordert, dass Sie konsequent bleiben und jede Regel spricht das „Über-Ich" an, also den Teil in uns, der bewertet und kritisiert, der moralisch ist und weiß, was richtig und falsch, was gut und böse ist. Doch in unserem heutigen Leben ist unser „Über-Ich" meistens schon ständig überbeansprucht. Auch Sie selbst sind möglicherweise mit viel zu vielen Regeln konfrontiert: Zwischen Terminplänen Ihres Kindes und Ihren eigenen Arbeitszeiten, zwischen Briefen vom Finanzamt und Rechnungen bekommen Sie vielleicht selbst kaum Luft vor lauter Regeln. Zeit also, neue Regeln infrage zu stellen und genau zu überlegen, ob eine neue Regel wirklich sinnvoll ist.

Es ist möglich, fast ohne Regeln auszukommen, wenn Strukturen gegeben sind wie zum Beispiel regelmäßige Mahlzeiten, ein Kuchen am Sonntag oder eine Joghurt-Runde am Abend auf der Couch.

Auch Ihre eigenen Gewohnheiten liefern dem Kind eine Struktur. Es reicht, wenn Sie auf der Couch sitzen und immer zur selben Zeit lesen, selbst wenn es nur 15 Minuten am Tag sind. Ihr Kind weiß dann, wo es Sie finden kann. Manche Familien kommen mit Regeln wunderbar zurecht, andere finden, dass alles grundsätzlich immer schlimmer wird und dagegen wird mit veränderten oder neuen Regeln angegangen. Die Idee, Regeln abzubauen, kommt vielen erst zum Schluss. Doch probieren Sie es aus: Wie fühlen Sie selbst sich mit weniger Regeln? Erleichtert? Oder irgendwie halt- und machtloser? Regeln bedeuten, dass man etwas im Zaum halten will, aber manchmal auch, dass man etwas über's Knie brechen möchte. Probieren Sie einmal, mit so wenig Regeln wie möglich auszukommen und in der nächsten kritischen Situation, in der Sie eine neue Regel aufstellen wollen, darauf zu verzichten und zu überlegen, was denn jetzt helfen könnte. Häufig lautet die Antwort: In Beziehung zu treten, könnte jetzt helfen, also z.B. immer wieder darüber zu sprechen, warum etwas gerade so ist wie es ist und wie man es verstehen könnte.

Sie lernen sich selbst und Ihr Kind durch weniger Regeln vielleicht nochmal auf überraschende Weise kennen. Das kann Ihnen auf die Dauer eine neue Sicherheit bringen, nämlich eine innere Sicherheit, sodass Sie auf überflüssige äußere Zäune und Krücken verzichten können. Es spricht nichts gegen „gute Regeln", die sinnvoll sind, die Freude bereiten und Orientierung bieten. Wichtig ist jedoch, dass Sie die Regeln nicht reflexhaft aufstellen und nicht mit „Konsequenzen" drohen wie zum Beispiel mit der Konsequenz, über die wir im nächsten Kapitel sprechen werden.

„Ich nehm' Dir das Handy weg!" – Drohungen aus Verzweiflung

Eine wunderbare Möglichkeit, Wut im Kind zu züchten, ist, ihm das Handy wegzunehmen. Es ist meistens eine reine Verzweiflungsreaktion in Situationen, in denen wir nicht mehr weiter wissen. Manchmal steckt die Angst dahinter, unser Kind könnte Internet-, Spiele- oder Smartphonesüchtig werden (oder sogar schon sein). Wir malen uns die furchtbarsten Folgen aus und wissen nicht mehr, wie wir unser Kind vom Handy wegbekommen sollen. Doch der Weg zur echten Sucht verläuft durch verschiedene Phasen (Wölfling & Müller, 2018).

Bei ernsthaften Sorgen können Sie sich an einen Kinderpsychotherapeuten oder an eine „Spezialambulanz für Spielsucht" wenden, die sich über Google leicht unter diesen Schlagworten finden lassen. In diesem Kapitel soll es jedoch um die reflexhafte Drohung „Ich nehm' Dir das Handy weg" gehen, die wir aussprechen, wenn uns in der akuten Verzweiflung gerade nichts anderes einfällt. Wenn wir uns bewusst werden, was da eigentlich geschieht und wenn es uns gelingt, auf diese Drohung bzw. diese Form der Strafe verzichten, können wir sehr viel Ruhe in das Kinder- und Pubertätsleben bringen.

„Kinder sind keine kleinen Erwachsenen." heißt es oft. Das nehmen dann viele zum Anlass, Kinder nach Belieben zu „erziehen". Doch warum sollten Kinder keine kleinen Erwachsenen sein? Sie haben ein Selbstwertgefühl so wie wir, sie spüren schon ganz früh, was recht ist und was ungerecht, sie haben einen empfindsamen Körper und sie wollen behandelt werden wie jeder Mensch behandelt werden will. Wir können Kinder behandeln wie „kleine Erwachsene" – in dem Bewusstsein, dass es eben Kinder sind.

Was würden Sie sagen, wenn Ihr Partner ankäme und sagen würde: „Ich nehm' Dir das Handy weg!"? Wenn er das tatsächlich ernst meinte und es auch noch tun würde, wäre das für Sie vielleicht sogar ein Grund, ihn zu verlassen oder zumindest einen Psychotherapeuten um Rat zu fragen. „Was ist das denn für ein Vergleich?", mögen Sie einwenden. „Ich bin ja erwachsen und ich würde meinen Partner nie so herausfordern wie es mein Kind bei mir tut." Kinder und Jugendliche können grausame Methoden haben, mit denen sie ihre Eltern zur Weißglut bringen. Dennoch ist es wichtig, dass Eltern dies innerlich „überleben", dass sie also nicht überreagieren und die Grenze ihres Kindes weiterhin respektieren.

Wenn Sie Ihrem Kind das Handy wegnehmen, dann kann es sich dagegen nicht wehren. Es ist Ihnen ohnmächtig ausgeliefert. Sie züchten damit seine Wut. Das Gefühl, das Sie hätten, wenn man Ihnen das Handy wegnähme, gleicht dem Gefühl, das Ihr Kind hat, wenn ihm so geschieht. Kinder lernen am besten, die Grenze des anderen zu wahren, indem sie am eigenen Leib spüren, dass ihre eigene Grenze respektiert wird. Diese Selbsterfahrung ist wie ein Same, den Sie in Ihr Kind legen.

„Ja, aber wenn mich das Kind reizt bis zum Geht-nicht-mehr?" Vielleicht wünscht sich Ihr Kind, dass Sie extrem reagieren und deswegen reizt es Sie so. Aber das tut es nicht einfach so. Es wird dazu in den letzten Minuten oder Stunden eine Vorgeschichte gegeben haben. Es ist vielleicht dazu gekommen, dass sich Ihr Kind sehr alleine fühlt, weil Sie selbst zu sehr in Arbeit oder Sorgen eingespannt sind. Vielleicht waren Sie nicht mehr emotional erreichbar für Ihr Kind, weswegen es jetzt extreme Reize setzen will nach dem Motto: „Lieber Streit als gar keine Beziehung.".

Es ist gut, wenn Eltern die Kraft aufbringen können, das Aufschaukeln der Gefühle nachzuvollziehen – wo hat es angefangen, was ist genau passiert? Welche Bedeutung hat das Handy in Ihrer Beziehung, für Sie selbst und Ihr Kind? Welche Phantasien und Ängste sind damit verbunden, wenn Sie es ständig mit dem Handy sehen? Wieder reicht hier die mutige Auseinandersetzung mit dem Konfliktthema. Zu sagen „Ich nehm' Dir das Handy weg.", ist leicht. Doch diesem Reflex zu widerstehen und einmal zu schauen, was sich dann entwickelt, kann zu wirklich neuen Erfahrungen führen. Es ist nicht leicht, ungewöhnliche Wege zu gehen, aber es macht den Weg frei für Neues und Überraschendes. Häufig ist eine größere emotionale Nähe zum Kind die Folge.

Alles, was das Kind tut oder lässt, hat einen tieferen Sinn.

Um diesen zu erkennen, ist es oft hilfreich, sich aus der „Machtposition" herauszubegeben und einmal zu schauen, was denn passieren würde, wenn Sie sich auf Augenhöhe oder vielleicht sogar in einer Art „demütigen Position" befänden. Davon handelt unser letztes Kapitel.

Dem Kind dienen

„Dem Kind dienen? Das klingt jetzt aber provokativ!", werden Sie jetzt vielleicht denken. Ich habe lange überlegt, ob ich ein Kapitel in der heutigen Zeit noch so nennen darf. Schließlich geht es überall darum, die „Rollenumkehr" zu vermeiden. Psychologen und Jugendämter predigen gerade in schwierigen Eltern-Kind-Beziehungen: „Du bist die Mutter, Du bist der Vater, Sie sind die Eltern! Das muss dem Kind auch deutlich werden, damit es sich geborgen fühlen kann. Es darf auf keinen Fall so sein, dass sich das Kind gegenüber den Eltern selbst wie ein Elternteil fühlt. Das nennt man ‚Parentifizierung' und muss auf jeden Fall vermieden werden."

Und so kommt es, dass viele Eltern gestresst herumlaufen und denken: „Ich bin die Mutter, ich bin der Vater! Mein Kind tanzt mir nicht auf der Nase herum! Ich gebe die Richtung vor! Ich bin das Vorbild und die Autorität." Wenn das Kind bei einem „Befehl" einmal fragt: „Warum soll ich das tun?", antwortet die Mutter/der Vater vielleicht: „Weil ICH es sage!"

Ich finde, das ist eine ziemliche unlogische Antwort. Sie fordert von dem Kind, die Mutter/den Vater zu respektieren, zu tun was sie/er sagt und blind zu gehorchen. „Weil ich es sage!" soll andeuten, dass da jemand seine Autorität nicht infrage stellt, dass da jemand „oben" steht, fast wie ein Gott. Es gibt keine Diskussion und damit Ende.

Doch mit dieser Haltung behandeln wir unser Kind so, wie wir vielleicht selbst behandelt wurden und wie wir uns bis heute oft selbst behandeln. Diese Haltung grenzt nah an Unterdrückung. Vielleicht kennen Sie das von sich selbst: Wenn Sie in Ihrer Innenwelt etwas spüren, das nicht sein darf, dann sagen Sie: „Das hat jetzt keine Chance! Ich will heute das tun, was zu tun ist und ich lasse mich dadurch jetzt nicht hindern!" Und so wird die Müdigkeit, die aufkommende Erkältung, die Angst, die Scham, die Wut oder was da sonst so Unangenehmes in Ihrem Inneren war, weggedrückt.

Das kann in bestimmten Fällen ganz gut sein – Verdrängung ist ein wichtiger und oft überlebenswichtiger Mechanismus. Aber wenn diese Haltung die Grundhaltung ist, bedeutet das, dass wir ständig mit uns selbst kämpfen. Wir wollen das Unerwünschte ständig wegdrücken. „Schluss jetzt!", sagen wir uns. „Es reicht! Ich mach' das nicht mehr mit!".

Dies können erholsame Sätze sein an der richtigen Stelle. Doch wenn wir häufig so denken, wird unser „Schluss jetzt!" unglaubwürdig. Dann führen wir den Kampf, dass das Unerwünschte in uns hochkommen möchte, wir aber es ständig wieder wegdrücken. So ist es mit unserem Kind auch: Wir wollen seine beängstigenden Gefühlsäußerungen und Verhaltensweisen nicht wahrhaben oder nicht mehr tolerieren. Das Kind soll nun endlich anders werden und so herrschen wir es an.

„Wenn Du die Wut verstehst und innerlich anerkennst, dann hast Du sie im Griff. Aber wenn Du die Wut verdrängst, dann hat sie Dich im Griff.", heißt es. Kaum ein Spruch ist wahrer – sei es im Umgang mit unserer eigenen Innenwelt oder mit unserem gefühlsstarken Kind.

Zurück nun zur Kapitel-Überschrift: Was soll das für eine Idee sein, dem Kind zu „dienen"? Ich sah einmal einen sehr bewegenden Film über einen Ayurveda-Arzt, der Mönch war und einen kleinen Jungen bei sich aufnahm, welcher seine Eltern verloren hatte. Er glaubte von diesem Jungen, dass dieser zu etwas Höherem bestimmt war. Er wollte den Jungen aus der Armut führen und ihn zu einem Kloster bringen, damit der Junge seiner Bestimmung folgen könnte.

Und so hatte er die innere Haltung, dass er dem Jungen „dienen" wollte. Es war sehr anrührend, mit wieviel Liebe, Hingabe und auch Demut er sich gegenüber diesem Jungen zeigte. Man könnte jetzt meinen, der Junge würde seinem Ziehvater „auf der Nase herumtanzen", aber weit gefehlt: Der Junge entwickelte sich zu einem liebevollen, selbstständigen und sehr respektvollen Jungen, der seinem Ziehvater gegenüber alle

Gefühle zeigen durfte, die in ihm waren. Gespräche über die schwierigsten Gefühle waren untereinander möglich.

Der Mönch setzte sich sehr für den Jungen ein, er war sein Lehrer, aber er spielte auch mit ihm. Auch er kämpfte damit, dass sein Junge ihm trotzte, dass er nicht lernen wollte, nicht im Haushalt helfen wollte und nicht allein sein wollte. Doch der Mönch zeigte eine solche innere Ruhe und eine so große Gewissheit, dass der Junge gut sei, dass die Ungleichgewichte in der Beziehung immer wieder ins Gleichgewicht kamen.

Der Mönch sagte von sich selbst, dass er dem Jungen „diene", doch das schließt nicht aus, dass er an einem Kiosk sagte: „Wir können nichts Süßes kaufen. Ich habe nicht genug Geld." Die beiden traten eine lange Reise zum vorgesehenen Kloster an, wo der Mönch den Jungen hinbrachte und wo die beiden sich schließlich verabschieden mussten. Die Trauer auf beiden Seiten war sehr anrührend – keiner der beiden versteckte seine Gefühle und die gegenseitige Achtung wurde in der Abschiedsszene noch einmal sehr deutlich.

Ich mache eine Ausbildung zur Psychoanalytikerin und dachte daran, wie ich in dieser Rolle auch meinen Patienten „diene". Es geht dabei um die Gefühle des Patienten, aber auch um meine eigenen Gefühle, die ich innerlich verarbeiten muss. Aus diesem Zusammenspiel kann eine heilsame therapeutische Beziehung entstehen. Das Wort „Therapie" stammt aus dem Griechischen („Therapeia") und bedeutet „das Dienen".

Was ich an der Psychoanalyse besonders schätze, ist das Setting: Der Patient liegt auf der Couch und der Therapeut sitzt auf dem Sessel dahinter. Das heißt, der Patient wird bewusst in eine „kindliche Position" gebracht, in der er sich entspannen und wieder Kind sein darf. Ich als Therapeutin hinter der Couch habe eine „höhere Position", ich habe die

Rolle der Analytikerin. Es lässt sich also vergleichen mit einer Mutter-Kind-Beziehung. Es ist meine Rolle als Therapeutin, dem Patienten zu „dienen". Ich stelle meine Zeit und meinen Raum zur Verfügung, ich versuche, zuverlässig da zu sein und folge dem Patienten in seinen Themen. Ich halte den Rahmen und versuche, die Gefühle des Patienten zu containen. Ich versuche, den Patienten zu verstehen. Ich erhalte ebenso viel vom Patienten zurück: Er schenkt mir sein Vertrauen, er zeigt mir seine Zuneigung, seinen Hass, seinen Schmerz, oft auch seine Dankbarkeit und er ermöglicht mir, mein Geld mit einer Arbeit zu verdienen, die mir am Herzen liegt. Beide sind vielleicht immer wieder verzweifelt über schwer festsitzende und hochkomplexe Probleme, doch beide freuen sich immer wieder über die gemeinsame Entwicklung, über das Gedeihen der Beziehung und oft auch über die geistige Liebe, die da entsteht.

Ich führe eine Arbeit durch, die oft sehr viel Kraft erfordert, denn die Patienten werden auf eine Art wieder zum „Kind". Das heißt, ich muss auch mit der Wut des Patienten, mit Beschimpfungen, mit Rachewünschen und Angriffen leben und immer wieder mit den Gefühlen des Versagens und der Unzulänglichkeit zurechtkommen. Doch weil ich mich als Therapeutin in dieser Weise zur Verfügung stelle, können beim Patienten alte Wunden heilen. Im Gegensatz zum früheren Zuhause wird es in der Psychoanalyse häufig möglich, auch die schlimmsten Gedanken und die schrecklichsten Gefühle zuzulassen. Der Analytiker ist „da" – und allein in dieser Präsenz und ungeteilten Aufmerksamkeit liegt die Möglichkeit einer heilenden Wirkung.

Meine innere Haltung, dem Patienten zu dienen, wird genährt durch die Kraft und die Möglichkeiten, die sich dadurch entwickeln. Der Junge in dem Film mit dem Mönch hatte tiefsten Respekt vor seinem Ziehvater, eben weil dieser Mönch auch dem Jungen all seinen Respekt entgegengebrachte. Wenn in einer Psychoanalyse die schweren Zeiten durchlebt sind, sprich: Wenn sich in einer Eltern-Kind-Beziehung die schweren Zeiten dem Ende neigen, dann entstehen Erleichterung und Dankbarkeit. Sind die Kinder erwachsen, dann können sie voll und ganz erfassen, was „schiefgelaufen" ist, aber sie können auch wertschätzen, was die Eltern Großartiges geleistet haben, indem sie da waren, liebevoll blickten und manchmal bis zur Erschöpfung alles gaben, was in ihrer Kraft stand.

Auch Sie selbst sind solche Eltern, egal für wie gut, schlecht oder unfähig Sie sich gerade halten mögen: Wahrscheinlich geben Sie die ganze Zeit aus voller Kraft Ihr Bestes. Sie dienen dem Kind, indem Sie es mit Essen, Wärme und Beziehung versorgen. Und auch, wenn es chaotisch verläuft und Sie nicht mehr wissen, wo hinten und vorne ist, so wird es doch eine Entwicklung geben. Zwischen Resignation und Hoffen werden Sie als Eltern wahrscheinlich immer nach einem Weg suchen. Sie werden Hilfe suchen, wenn Sie nicht mehr weiter wissen, Sie werden schlaue Bücher lesen und mit anderen Eltern, Kindergärtnerinnen und Lehrern sprechen. Sie sind zusammen mit Ihrem Kind und für Ihr Kind ständig auf der Suche.

Die Zeiten der Verzweiflung können sehr lange dauern – das ist auch im Beruf des Psychoanalytikers so. Manchmal mag man wirklich denken: Da ist kein Licht mehr am Ende des Tunnels. Doch immer wieder kann die Hoffnung zurückkehren – Ihre Arbeit lohnt sich, wie auch immer sie aussehen mag. Sie als Mutter/als Vater finden Ihren ganz eigenen Weg mit Ihrem gefühlsstarken Kind. Das bedeutet immer auch, die schwierigen Gefühle der eigenen Kindheit nochmals zu durchleben und nach Linderung der Schmerzen aus der eigenen Kindheit zu suchen. Ein Kind ist immer eine enorme Herausforderung – ob es nun ein „gefühlsstarkes" oder ein „normales" Kind ist (wie auch immer ein „normales Kind" sein mag). Wo Leiden ist, da ist auch Motivation und die Möglichkeit, Neues zu lernen. Wenn Sie Ihrem Kind dienen, dann dienen Sie damit auch noch einmal sich selbst auf eine ganz neue Art und Weise. Ich wünsche Ihnen viel gegenseitige Neugier und Interesse und gutes Suchen und Finden auf Ihrem ganz eigenen Weg zusammen mit Ihrem Kind.

10 Tipps zum Umgang mit gefühlsstarken Kindern

Eigentlich ist es mein wichtigster Tipp, nicht auf Tipps zu hören. Sie allein kennen Ihr Kind, sich selbst und die Beziehungsgeflechte in Ihrer Familie. Daher werden Sie sich seit Jahren den Weg geebnet haben, der für Sie selbst und Ihr Kind am besten funktioniert.

Und dennoch können Tipps auch inspirierend sein und zum Nachdenken oder auch zum inneren Protest anregen. Im Folgenden habe ich einige Ratschläge (die ja auch als „Schläge" empfunden werden können) zusammengestellt, die Sie teilweise schon im Buch gefunden haben. Verstehen Sie diese nur als Anregung. Fühlen Sie sich ermutigt, von allem auch das Gegenteil zu denken.

Sie als Leserinnen und Leser werden in vielen Bereichen sehr viel mehr Erfahrungen gemacht haben als ich. Gerade in der Beziehung zu Kindern, im Bereich Emotionen und im Bereich Psychotherapie ist es oft schwierig, ein „Richtig oder Falsch" zu präsentieren. Horchen Sie auf sich selbst, lauschen Sie in sich hinein, lassen Sie sich von Ihrem Kind seine faszinierende Innenwelt zeigen. Und vergessen Sie nicht, über Ihre eigene Innenwelt, über die Gemeinsamkeiten und Unterschiede zwischen sich und Ihrem Kind zu staunen.

1. Versuchen Sie nicht, Ihr Kind zu überzeugen

„Wie kann ich mein Kind nur überzeugen?", fragen mich Eltern oft. Die Antwort ist: am besten gar nicht. Warum sollten Sie Ihr Kind überzeugen wollen, das heißt, ihm etwas „beibringen", was eigentlich Ihres ist? Wenn Sie mal wieder im „Überzeugungs-Stress" sind, dann ist es gut, wenn Sie es bemerken. Treten Sie innerlich einen Schritt zurück und versuchen Sie, sich für Ihr Kind zu interessieren. Wieso denkt es so, wie es denkt? Wieso fühlt es so? Versuchen Sie, sich in seine Welt zu begeben. Ihr Interesse kann Wunder bewirken.

Stellen Sie sich einen Arzt vor, der versucht, seinen Patienten zu überzeugen, dass er nicht mehr rauchen soll. „Wenn Sie so weiterrauchen, sterben Sie in fünf Jahren.", sagt der Arzt und unterstellt dem Patienten gesunden Lebenswillen. Heimlich denkt der Patient: „Wie – so lange noch? Ich würde am liebsten gleich sterben, jetzt, wo mein Ehepartner tot ist."

Wenn der Arzt aufhört, den Patienten überzeugen zu wollen und stattdessen versucht, zu erkunden, warum der Patient raucht, wie er fühlt, welche Phantasien er dazu hat, warum er so lebensmüde ist usw., dann kann sich ein sehr berührendes Gespräch daraus entwickeln. Wenn der Patient merkt, dass ihm Zuneigung entgegengebracht wird und dass es Menschen gibt, denen es nicht egal ist, ob er lebt oder stirbt, dann ist ein Fensterchen geöffnet. Dann kann es tatsächlich sein, dass der Patient ein gesünderes Leben anstrebt.

So funktioniert es eigentlich in allen Beziehungen, aber ganz besonders auch in der Beziehung zwischen Mutter/Vater und Kind. Haltmachen, zurücktreten, überlegen und erkunden – das wird Sie in eine ganz neue Erfahrungswelt bringen. Sobald sich das Kind verstanden fühlt, will es vielleicht ganz von selbst das, was Sie ihm so mühselig „beibringen" wollten. Doch dann ist es seine eigene Idee und Ihr Kind wird alles daran setzen, eigene Ideen umzusetzen.

2. Bleiben Sie unkonventionell

Manchmal versuchen Eltern auf Teufel-komm-raus ein ordentliches Leben mit dem Kind zu führen. „Ich musste mein Kind wecken, nachdem wir vom Geburtstag der Oma nach Hause kamen – schließlich brauchte es noch einen Schlafanzug." Ich frage dann gerne: „Braucht es das? Oder brauchen Sie den Schlafanzug für Ihren Ordnungssinn?" Es spricht nichts dagegen, das Kind bei der späten Ankunft zu Hause in voller Montur ins Bett zu legen. So eine Ausnahme ist nicht der Eingang zum sozialen Abstieg.

Viele Eltern sind besonders streng mit Regeln und sie überfordern sich damit oft selbst. Dahinter steckt tatsächlich oft die Angst, dass sonst alles aus dem Ruder laufen könnte, wenn man hier und da eine Ausnahme macht. „Seit ich alleinerziehend bin, bin ich von konventionellen Vorstellungen geheilt.", sagt eine Mutter. „Mein Kind schläft genauso wie ich: Im T-Shirt des Tages. Einen Schlafanzug haben wir gar nicht mehr und auch das abendliche Baden entfällt. Für uns ist es einfacher, morgens kurz zu duschen."

Wenn Sie ein paar anstrengende Konventionen aufgeben, dann werden sicher noch genug Regeln übrig bleiben, die Ihnen und Ihrem Kind Halt geben.

3. Wissen Sie über Essen Bescheid

„Mein Kind isst nie Gemüse!" Das ist wohl eine der häufigsten Aussagen von Eltern. Welche Kämpfe da jeden Mittag stattfinden! Wieder regiert die Angst: „Was, wenn mein Kind zu wenig Nährstoffe erhält? Was, wenn es sich niemals an den Geschmack von Gemüse gewöhnen wird? Was, wenn es nur noch Nudeln und Äpfel isst?" Ja, was spräche denn dagegen? Äpfel enthalten nahezu alles, was Ihr Kind braucht.

Sie brauchen Ihr Kind nicht an Gemüse zu „gewöhnen". Der Grund, warum es viele Gemüsesorten nicht mag, ist die Evolution. Die Bitterstoffe im Gemüse erinnern den Kinderkörper daran, dass das Grünzeug eventuell giftig sein könnte. Kinder haben zudem einen viel feineren Geschmackssinn als wir Erwachsenen. Es ergab in früheren Jahrtausenden durchaus Sinn, dass Kinder vor vielem Grünzeug zurückschreckten, denn zahlreiche Pflanzen sind giftig und die Abscheu vor bitterem Gemüse schützt sie – so empfinden sie es oft auch noch heute. Die Abscheu vor Bitterem wächst sich wortwörtlich aus.

Manche Experten sagen, es sei gut, Kinder möglichst früh in Kontakt mit vielen Nahrungsmitteln zu bringen, um sie vor Allergien zu schützen. Andere sagen, es sei besser, wenn sich die Kinder eher auf einige wenige einheimische Nahrungsmittel beschränken. Wenn Kinder sich in den ersten Jahren im Vergleich zu unseren Möglichkeiten „einseitig" ernähren, dann kommen sie auch mit relativ wenigen Allergenen in Kontakt.

Kinder wissen, was sie mögen und was nicht. Jedes Kind hat eine andere Variations- und Toleranzbreite. Das hat viel weniger mit Erziehung zu tun, als wir glauben. Während manche Mütter immer alles mochten, verzweifeln sie an ihren Kindern, die sich auf zwei oder drei Speisen beschränken – bei anderen ist es genau umgekehrt.

Manche Mütter haben das Gefühl, sie „machen sich zum Affen", wenn sie mittags immer noch eine kleine Portion Nudeln für ihr Kind kochen. Es ist Abwägungssache. Manchmal ist es leichter, sich „zum Affen" zu machen, als immer wieder erneut Kämpfe auf sich zu nehmen. Die oberste Regel lautet: Machen Sie es sich so einfach wie möglich. Unter dieser Überschrift werden Sie sich sicher immer noch genug Mühe geben, dass es gut wird.

Wenn Sie Ihrem Kind prinzipiell genug anbieten, wenn Sie genügend Obst und Gemüse im Haus haben, dann wird es mit dem gut zurechtkommen, was es isst. Sie können also beruhigt Ihren Stress auf diesem Gebiet reduzieren.

4. Keine Kämpfe am Abend

„Was ist das Geheimnis Ihrer langen Ehe?" – „Wir vergeben uns jeden Abend." Diese Antwort läuft mir immer wieder über den Weg und immer wieder denke ich: Ja, wenn das so einfach wäre. Doch dieser vielleicht naiv anmutende Satz eines alten Ehepaares enthält viel Wertvolles. Natürlich kann man sich nicht gegen großen inneren Widerstand vergeben. Aber allein das Vorhaben, dass man abends in Frieden einschläft, kann viel Gutes bewirken.

Das Vorhaben, abends friedlich ins Bett zu gehen, schafft einen wichtigen Rahmen. Gerade Kinder neigen abends dazu, noch einmal zu kämpfen. Sie wollen nicht ins Bett, sie brauchen noch etwas zu trinken oder sie spüren auf einmal die Wut und Trauer, die sie am Tag verdrängt haben.

Für die Eltern bedeutet der Abend meistens nochmal einen enormen Kraftaufwand. Da ist es nicht leicht, friedlich zu bleiben und wütende Impulse zurückzuhalten. Selbst todmüde möchte man am liebsten sagen: „Schluss jetzt!" Doch nach diesen zwei Worten geht es manchmal erst richtig los. Das Kind schläft weinend ein und wir selbst fühlen uns möglicherweise schlecht.

Wann immer möglich, versuchen Sie, abends nicht mehr zu diskutieren. Wenn Ihr Kind etwas will, das Sie nicht wollen oder nicht für möglich halten, dann können Sie statt einem harschen „Nein" auch

etwas sagen wie: „Egal, wie es ausgeht, ich bin sicher, es wird gut sein."
Hoffnung und Zuversicht sind gerade am Abend wichtig.

5. Weniger Angst bei Hausaufgaben und Co.

„Wenn ich sie jetzt nicht zu den Hausaufgaben dränge, wenn sie jetzt nicht die Kurve kriegt, dann ... kommt sie nicht aufs Gymnasium, dann schafft sie den Abschluss nicht, dann wird sie nach der Schule im Nichtstun versinken." Die Phantasien darüber, warum und wie unser Kind einmal schlecht enden wird, sind schier unendlich.

Vertrauen Sie dem Wissensdurst und der Neugier Ihres Kindes. Der ebenfalls naiv anmutende Spruch „Es ist nie zu spät für eine schöne Kindheit." trifft auch auf die Bildung zu: Wenn wir unser Kind liebevoll begleiten und uns für sein Tun und seine Gedanken interessieren, wird es irgendwann herausfinden, was es will, wofür und für wen es lernen will.

Schule ist immer noch stellenweise ein demotivierendes System. Versuchen Sie nicht, Ihr Kind dort hineinzupressen. Wenn Sie Ihrem Kind aufmerksam zuhören, werden Sie oft feststellen, dass es Recht mit seiner Kritik an der Schule hat. Wenn es weiß, dass Sie auch sehen, wo es hakt dann wird es sich entspannen.

Untersuchen Sie Ihre eigenen Ängste – sie hängen davon ab, welchen Bildungshintergrund Sie selbst oder Ihre Eltern hatten, ob Sie Ihren Beruf lieben oder hassen, ob Sie unter Geldnot leiden und vielem mehr. Hinter dem Drängen, ein Kind zu den Hausaufgaben zu bewegen, stecken oft unzählige Ängste. Wenn Sie sich dieser Ängste bewusst sind, können Sie sich freier fühlen und den Druck aus der Sache hinausnehmen. Kein Kind sollte wegen Hausaufgaben weinen müssen.

6. Lassen Sie sich von Ihrem Kind leiten

Aufmerksam für sich selbst zu bleiben, ist oft eine hohe Kunst – besonders dann, wenn wir im Stress sind. Dennoch ist es gut, wenn wir bei uns sind und uns auch von unserem Körper leiten lassen. Wann sind wir müde, wann haben wir Hunger oder Durst, wann brauchen wir Bewegung? Wenn wir auf uns selbst achten, dann bleiben wir gesünder und kraftvoller.

Ähnlich ist es mit der Beziehung zu unserem Kind. Oft zerren wir es im Alltag aus dem Haus, weil wir sonst zu spät kommen. Doch das Kind zeigt uns: Es braucht mehr Zeit. So wie wir selbst wahrscheinlich auch. Also können wir versuchen, vorher mehr Zeit einzuplanen oder aber den Termin infrage zu stellen.

Sind die „Musikmäuse" heute wirklich wichtig? Ich weiß noch, wie schwer es mir fiel, einzusehen, dass mein Kind den Sport liebt und dass ihr Musikunterricht einfach mein Festhalten an dem Glauben war, Musik sei gut für das Gehirn und für das soziale Miteinander. Es war eine große Befreiung für uns beide, als „wir" das Instrument dann aufgeben konnten.

Wenn wir unserem Kind weniger „aufdrücken", dann ist es selbst weniger unter Druck und die ohnehin starken Emotionen werden nicht unter dem Deckel der vielen Pflichten noch verstärkt.

Neugierig zu bleiben für die Innenwelt des Kindes ist im hektischen Alltag nicht immer leicht. Und doch ist es ein guter Weg für ein befriedigenderes Miteinander.

7. Zeigen Sie Ihre persönlichen Grenzen

Bleiben Sie so authentisch wie möglich und vermeiden Sie Dramen. Zeigen Sie ruhig, wenn Sie müde oder traurig sind und vor allem zeigen Sie, wenn Ihr Kind Sie ärgert oder zur Verzweiflung bringt. Schauen Sie sich an, wenn Sie miteinander kommunizieren, damit Sie sehen, wie es Ihrem Kind geht und damit Ihr Kind sehen kann, wie es Ihnen geht. Wenn Sie einmal darauf achten, wie oft Ihr Kind Sie beim Sprechen anschaut, werden Sie vielleicht ganz berührt sein. Während wir selbst beim Sprechen die Spülmaschine hektisch ausräumen, steht das Kind häufig da und schaut uns bei seinem Sprechen an. Unser Kind sucht unseren Blickkontakt und wir merken es allzu häufig gar nicht.

Wenn Sie in gutem (Blick-)Kontakt sind, dann pflege Sei damit Ihre Bindung. Und wenn Ihr Kind dann Ihre Gefühle lesen kann, dann wird es Ihnen auch entgegenkommen. Es sieht dann eher, wenn es Ihnen reicht, aber es sieht auch eher, wenn Sie sich von Herzen mit ihm freuen.

Umgekehrt ist es genauso: Wenn Sie in gutem Kontakt mit Ihrem Kind sind, bekommen Sie seine Gefühlsentwicklungen so früh mit, dass es nicht zu einem „zu viel" kommen muss.

8. Werden Sie langsam

Alles erscheint uns ungeheuer wichtig. Jeden Impuls, den wir haben, müssen wir gleich umsetzen, so glauben wir oft. Damit leben wir dem Kind eine Hektik vor, die es gerne übernimmt – zumindest reagiert es darauf mit schlechter Laune und Gereiztheit.

Wir müssen nicht immer auf alles sofort reagieren. Wir müssen nicht jede WhatsApp Nachricht sofort beantworten. Wenn wir uns einmal vornehmen, alles langsamer zu machen, uns langsamer zu bewegen, die Spülmaschine langsamer auszuräumen, etwas länger beim Nachtisch sitzen zu bleiben, dann merken wir, wie wir den Alltag entschleunigen können.

Das geht allerdings selbst nur extrem langsam. Sie können aus Ihrem Rush-Hour-Leben nicht von jetzt auf gleich eine Ruhe-Oase machen, vor allem mit mehreren Kindern und/oder als Alleinerziehende nicht. Doch jeder Tropfen zählt – wenn Sie schon an ganz kleinen Stellen langsamer werden, merken Sie vielleicht, wie Sie Ihre Wahrnehmung dadurch schärfen können.

Und je genauer die Wahrnehmung, desto mehr sind Sie vor unnötigen Aktionen geschützt. Durch Hektik geraten wir häufig auch in „Versuch-und-Irrtums-Situationen", in denen wir durch eiliges Ausprobieren herausfinden wollen, was richtig und was falsch ist.

Wenn wir langsamer in unseren Handlungen werden, genauer überlegen und uns Zeit lassen, dann schützen wir uns selbst vor einer Aktions-Rolle vorwärts, die im Endeffekt alles nur schlimmer macht. Warten Sie lieber etwas mit Ihrer nächsten Reaktion. Sie werden erstaunt sein, wie viel sich in Wohlgefallen auflöst. Gerade starke Gefühle können so schnell wieder vergehen, wie sie gekommen sind.

9. Stellen Sie nicht zu viele Regeln auf

Die wichtigste Regel ist aus meiner Sicht, nicht so viele Regeln aufzustellen. Jede Regel kann gebrochen werden, jede Regel kann zur Provokation genutzt werden, jede Regel erfordert von den Eltern konsequentes Handeln.

Regeln können einerseits zu Klarheit und Ruhe führen, andererseits aber auch zu Gefühlsausbrüchen und Streit. „Wir schaffen es einfach nicht, uns an diese Regel zu halten – wir sind gescheitert.", so der Gedanke einer Mutter. Überlegen Sie, warum SIE die Regeln brauchen oder warum Sie glauben, dass Ihr Kind diese Regeln braucht.

Denken Sie über die Ängste nach, die hinter dem Bedürfnis stecken, eine Regel aufzustellen. Wer braucht gerade mehr Halt: Sie oder Ihr Kind? Wie ließen sich mehr Halt und Sicherheit ohne Regel gewinnen? Wollen Sie durch das Aufstellen von Regeln vielleicht Ihren Ärger zum Ausdruck bringen? Wollen Sie Stärke beweisen, weil Sie Angst haben, Sie könnten sonst Ihr Ansehen verlieren?

Verdeutlichen Sie sich, dass wir besonders dann ein Bedürfnis nach äußeren Regeln haben, wenn es uns an innerer Sicherheit und verlässlichen Bindungen fehlt.

10. Seien Sie offen für Ihre Innenwelt und die des Kindes

Gönnen Sie sich genug Pausen, sodass Sie sich immer wieder auf die Innenwelt Ihres Kindes einstellen können. Während Sie Ihr Kind genau kennenlernen, lernen Sie auch sich neu kennen. Was bereitet Ihnen Freude und was Ihrem Kind? Welche Phantasien haben Sie heute, welche hatten Sie selbst als Kind und welche Phantasien hat Ihr Kind? Wo können Sie nur den Kopf schütteln, wo können Sie staunen und wann macht Ihnen Ihr Kind vielleicht auch Angst?

Erlauben Sie sich Raum für Negatives. „Es meint es ja nicht böse.", sagen wir rasch. Aber wenn doch? In uns allen steckt neben dem Lebenstrieb auch ein Todestrieb. Wir haben auch Lust an der Zerstörung. Wenn unser Kind uns seine Lust an der Zerstörung offen zeigt, bekommen wir vielleicht Angst: Es will die Beziehung zerstören, es will Freudiges kaputtmachen, es hasst das kleinere Geschwisterchen.

Doch wenn wir mit Neugier dranbleiben und einmal schauen, wo uns diese Kräfte hintreiben, dann können wir auch Wiedergutmachungswünsche, Erleichterung und Dankbarkeit entdecken.

Das Kind möchte, dass wir sein inneres Böses sozusagen „überleben". Dass wir es überleben, zeigen wir ihm dadurch, dass wir unsere Angst halten, verstehen und vielleicht auch überwinden können. Lassen wir uns innerlich Raum für das Böse in uns und in unserem Kind, ist das besser, als es zu unterdrücken. Manchmal haben wir genauso wie unser Kind die Sorge, dass allein das böse Denken zu bösen Taten führen könnte.

Meistens ist es allerdings umgekehrt: „Von ihm hätte ich das nie gedacht! Er war immer so ein braver Junge.", heißt es oft nach verübten Verbrechen. Wenn wir unsere Aggressionen im Denken unterdrücken und immer wieder verdrängen, können sie ganz plötzlich und unerwartet ausbrechen. Interessieren Sie sich für das vielleicht erschreckende Denken und Fühlen Ihres Kindes – so können Sie vielleicht auch manche Computerspiele besser verstehen.

Das Zusammenleben mit Kind ist eine Abenteuerreise. Sie werden sicher schon unglaublich viele Schätze gehoben und Orte gesehen haben. Und es gibt noch ein Leben lang viel zu entdecken, wenn Sie immer wieder innehalten und fragen und suchen. Ich wünsche Ihnen, dass bei allem Kummer und Ärger auf der Reise mit Ihrem gefühlsstarken Kind die Freude Ihr treuester Begleiter ist oder noch wird.

Ihre Meinung ist uns wichtig

Wie fanden Sie dieses Buch? Was hat Ihnen besonders gut gefallen? Haben Sie Verbesserungsvorschläge? Gibt es etwas, das Sie sich wünschen würden? Gibt es etwas in diesem Buch, das Sie besonders berührt hat?

Treten Sie jetzt mit uns in Kontakt unter vk@kauf-cc.net.
Wir tauschen uns gerne mit Ihnen aus!

Literaturverzeichnis

Hemmi MH, Wolke D, Schneider S (2011): Associations between problems with crying, sleeping and/or feeding in infancy and long-term behavioural outcomes in childhood: a meta-analysis. http://dx.doi.org/10.1136/adc.2010.191312

Hopf H (2019): Die Psychoanalyse des Jungen. Klett-Cotta, 4. Auflage

Hopf H (2019): Geschlechterdifferenzen in den Träumen von Kindern und Jugendlichen. In: Jahrbuch der Kinder- und Jugenldichen-Psychoanalyse, Brandes&Apsel

Kast-Zahn A & Morgenroth H (2013): Jedes Kind kann schlafen lernen. GU, https://www.gu.de/produkte/partnerschaft-familie/baby-und-babyernaehrung/jedes-kind-kann-schlafen-lernen-kast-zahn-2013/

Largo R (2017): Babyjahre. Piper-Verlag

Mennes M (2008): Longitudinal study on the effects of maternal anxiety during pregnancy: Neuropsychological and neurophysiological examination of cognitive control in the adolescent offspring. Dissertation, Katholische Universität Leuven

Plagemann A (Hrsg.) (2012): Perinatal Programming: The State of the Art. Walter de Gruyter GmbH & Co. KG Berlin/Boston

Porges SW (2018): Vagal Tone And The Physiological Regulation Of Emotion, https://www.stephenporges.com/articles

Ross A, Thomas S (2010): The Health Benefits of Yoga and Exercise: A Review of Comparison Studies. The Journal of Alternative and Complementary Medicine, doi:10.1089/acm.2009.0044

Santos IS et al. (2014): Excessive crying at 3 months of age and behavioural problems at 4 years age: a prospective cohort study. http://dx.doi.org/10.1136/jech-2014-204568

Schneider-Rosen & Chicchetti (1991): Early self-knowledge and emotional development. Visual self-recognition and affective reactions to mirror self-images in maltreated and non-maltreated toddlers. Developmental Psychology, 27 (3): 471-478, DOI: 10.1037/0012-1649.27.3.471, http://psycnet.apa.org/journals/dev/27/3/471/

Thomas L (2015): Putzen Lieben?! Verlag am Gotheanum, Schweiz, 2015

Tronick EZ (1989): Emotions and emotional communication in infants. American Psychologist, Vol 44(2), Feb 1989, 112-119, https://psycnet.apa.org/buy/1989-25649-001

Vermeer HJ & van Ijzendoorn MH (2006): Children's elevated cortisol levels at daycare: A review and meta-analysis. Early Childhood Research Quarterly, 21, 390-401; doi: 10.1016/j.ecresq.2006.07.004, http://www.sciencedirect.com/science/article/pii/S0885200606000421

Widener AJ (2008): Beyond Ritalin: The importance of therapeutic work with parents and children diagnosed ADD/ADHD. Journal of Child Psychotherapy, https://doi.org/10.1080/00754179808414817

Wölfling K & Müller KW (2018): Internetbezogene Störungen. Gemeinsamer Fachkongress DGS und fdr+ im Oktober 2018, Berlin. Ambulanz für Spielsucht, Universitätsmedizin Mainz, https://www.dhs.de/fileadmin/user_upload/pdf/Veranstaltungen/Fachkonferenz_2018/Klaus_W%C3%B6lfling_Forum_107_Handout.pdf